Silke Bosbach

Sketchnotes und Co. im Unterricht

Kreative Methoden und Techniken
zum Visualisieren und Präsentieren

 Auer

Zur Autorin: Silke Bosbach

Silke Bosbach studierte auf Lehramt der Sekundarstufe I mit Erstem und Zweitem Staatsexamen die Fächer Biologie und Bildende Kunst. Eine Ausbildung als Textildesignerin schloss sich an. Praktische Unterrichtserfahrungen sammelte Bosbach sowohl an Haupt-, Real- und Sekundarschulen als auch im Rahmen ihrer Dozententätigkeiten als Private Lecturer an Privatakademien. Silke Bosbach hat in den letzten 20 Jahren erfolgreich Fachpublikationen zu verschiedenen Themen veröffentlicht, zu denen sie Vorträge, Fortbildungen und Workshops, wie zum Thema „Sketchnotes", anbietet.

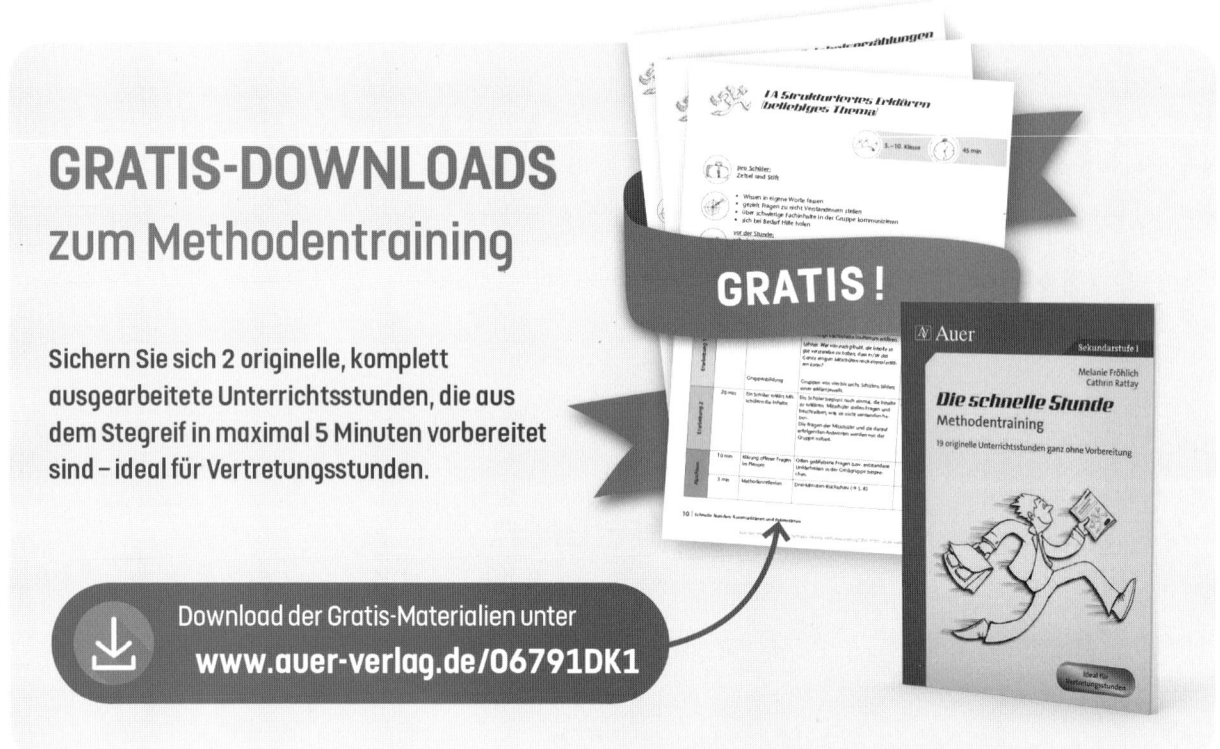

Gedruckt auf umweltbewusst gefertigtem, chlorfrei gebleichtem und alterungsbeständigem Papier.

2. Auflage 2020
© 2017 Auer Verlag, Augsburg
AAP Lehrerfachverlage GmbH
Alle Rechte vorbehalten.

Covergestaltung und -illustration: annette forsch konzeption und design, Berlin
Illustrationen: Silke Bosbach, Corina Beurenmeister, Stefan Lohr
Satz: Fotosatz H. Buck, Kumhausen
Druck und Bindung: Korrekt Nyomdaipari Kft, Budapest
ISBN 978-3-403-**08029**-9
www.auer-verlag.de

INHALTSVERZEICHNIS

VORWORT

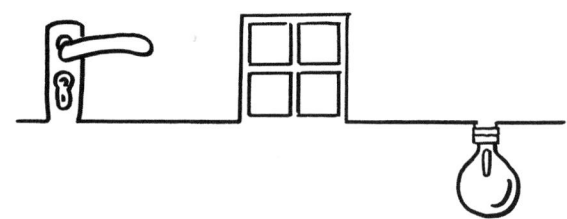

„Man muss Dinge so tief sehen, dass sie einfach werden."

(K. Adenauer)

Auch im digitalen Zeitalter machen sich Menschen aller Kulturen noch Notizen auf Papier. Meist sind dies wilde Kritzeleien, die am nächsten Tag kaum zu entziffern sind. Eine ansehnliche und effektive Methode, um Struktur in Inhalte und Aufzeichnungen zu bekommen, sind Sketchnotes. Dahinter verstecken sich Notizen, die aus Text, Bild und strukturierten Gebilden bestehen.

Das Wort Sketchnotes setzt sich zusammen aus Sketch (Skizze) und Note (Notiz). Die Erstellung der grafischen Notizen nennt sich Sketchnoting oder auch Visual Note Taking. Wichtig für das Anfertigen von Sketchnotes ist, dass man kein Zeichentalent haben muss, um Notizen gestalten zu können. Aber, obwohl man nicht zeichnen können muss, erreicht die Arbeitsweise langfristig eine positive Förderung persönlicher Denkprozesse.

Wo Sie diese Technik einsetzen können? Sie können Scetchnotes im Alltag und im Unterricht einsetzen, in allen Schularten, in allen Fächern, in allen Unterrichtsphasen. Wenn Sie Themen erarbeiten, Inhalte festhalten, wiederholen und festigen oder neue Dinge entwickeln wollen.

Wie das geht? Das lernen Sie Schritt für Schritt auf den folgenden Seiten. Begleiten Sie mich!

Ihre Silke Bosbach

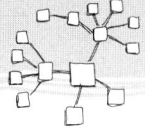

KAPITEL 1: EINLEITUNG

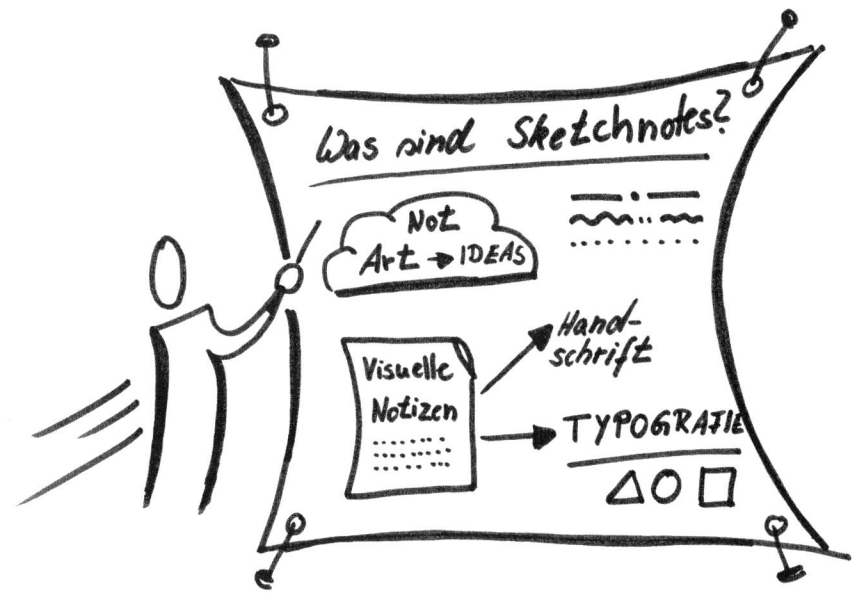

1. Visualisierung: Was sind Sketchnotes? An wen richtet sich dieses Buch?

Sketchnotes sind eine Mischung aus Bildern, Texten und grafischen Gefügen, mit denen sich komplexere Sachverhalte visualisieren lassen. Interessant ist das Anfertigen von Sketchnotes nicht nur, um sich zu bilden, sondern auch für Lernende als kreative Mitschrift.

Abgesehen von der Möglichkeit, Sketchnotes auf Papier zu erstellen und sie zu nutzen, lassen sie sich auch in digitalisierter Form anfertigen, um von Präsentationen bis hin zu großen Auftritten alles Erdenkliche zu begleiten.

Bei Sketchnoting geht es demnach um skizzenartige, bildliche Darstellungen, die vom Anspruch eher einem zügigen Entwurf gleichen. Dennoch sind sie völlig ausreichend, um Ideen und Inhalte zu vermitteln und einen Ausgangspunkt für Lernen, Lehren und den gemeinsamen Austausch zu schaffen.

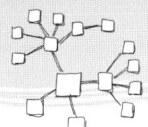

Sketchnotes sollen Freiheit und Flexibilität im Alltag liefern. Sie sollen anregen, mit Ideen zu spielen und sie sollen es ermöglichen, sinnvolle visuelle Dokumente zu erzeugen, die helfen, Ideen und Erlebnisse besser zu verstehen, zu vermitteln und sich daran zu erinnern. Schlicht gesagt: Denkweisen sollen verändert werden.

Menschen unserer Generationen sehnen sich zurück nach der Unmittelbarkeit von Papier und Stift, um sich auszudrücken. Daher entwickeln sich in verschiedenen Gruppierungen und an unzähligen Orten unserer Welt kreative Bewegungen. Hierzu gehört beispielsweise das *Urbansketching*, bei dem erzählerisch schnelle Zeichnungen „vor Ort" in Skizzenbücher angefertigt werden. Für schulische Institutionen werden hier sogar seitens der Ministerien Kreativwettbewerbe mit großen Teilnehmerresonanzen durchgeführt. Ebenso können dazu in zahlreichen Großstädten Kurzworkshops im Outdoorbereich besucht werden.

Auch das *Design Thinking* gehört dazu. Statt Beamer und Standardtische werden Flipcharts, Marker und Klebestifte verwendet, um Dinge „in die Hand zu nehmen" und spielerisch Lernerfahrungen in die Entwicklung von Prozessen und Produkten zu integrieren. Auf schulinternen Lehrerfortbildungen wird diese Methode gerne genutzt, um Gruppendynamiken zu untersuchen bzw. diese zu fördern.

Aufgrund des Facettenreichtums der vorliegenden Publikation richtet sich diese an alle Personen, die Inhalte auffassen, verarbeiten und transferieren möchten – ob nun Neueinsteiger oder Geübter. Jeder sollte hier die eine oder andere Inspiration für sein Sketchnote-Talent finden – auch Sie!

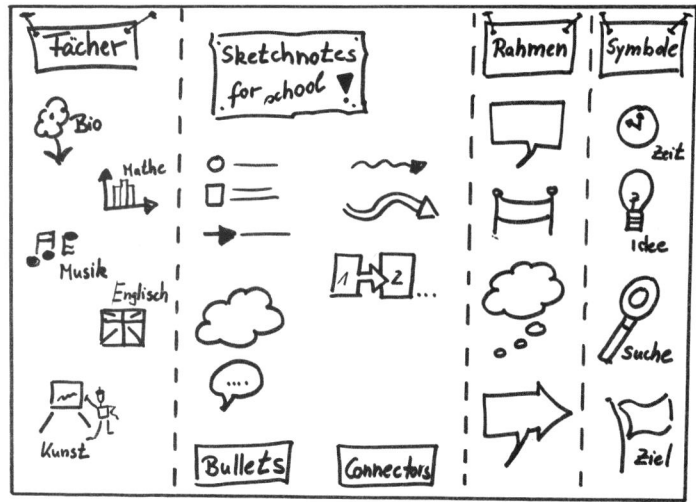

2. Was sind die Fundamente von Visualisierung?

Visualisierungen beruhen u. a. auf visuellen Landkarten. Sie werden zumeist in Echtzeit erstellt und unterstützen die persönliche Konzentrationsfähigkeit, die sich positiv auf das Langzeitgedächtnis auswirkt. Für den Bereich des Lehrens und Lernens bedeutet dies, dass Sketchnotes dabei helfen, Verknüpfungen im Gehirn anzufertigen, die nicht nur ein Unterrichtsfach kurzfristig thematisieren, sondern bei richtigem Einsatz auch das Langzeitgedächtnis in fächerübergreifender Form aktivieren. 1986 entwickelte der Psychologieprofessor *Allan Paivio* die *Duale Kodierungstheorie*: Diese Theorie nimmt an, dass die Gedächtnisrepräsentation von Wort- bzw. Objektinformation auf getrennten verbalen und imaginalen Kodierungssystemen beruht. Die Kernannahmen der Theorie: Verbale und nichtverbale Informationen werden mit zwei verschiedenen kognitiven Kodierungssystemen bzw. -verfahren verarbeitet. Das verbale (begriffliche) System dient dem Lesen und Hören von Begriffen, also der sequen-

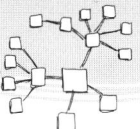

ziellen Verarbeitung sprachlicher Informationen. Die Doppelkodierung erhöht nach Paivio die Behaltenswahrscheinlichkeit. Die duale Kodierungsannahme hilft zu erklären, warum man sich an konkretes Material (z. B. „bildhafte Wörter") in der Regel besser erinnern kann als an abstraktes Material (z. B. „nur Wortbegriffe"). Nach Annahme der Theorie hat konkretes Material eine größere Wahrscheinlichkeit, in Form von unabhängigen Kodes in beiden Systemen repräsentiert zu sein, wodurch die Wahrscheinlichkeit eines erfolgreichen Gedächtnisabrufs im Vergleich zu abstraktem Material erhöht ist. Der „Apfel" ist ein gutes Beispiel für diese Theorie:

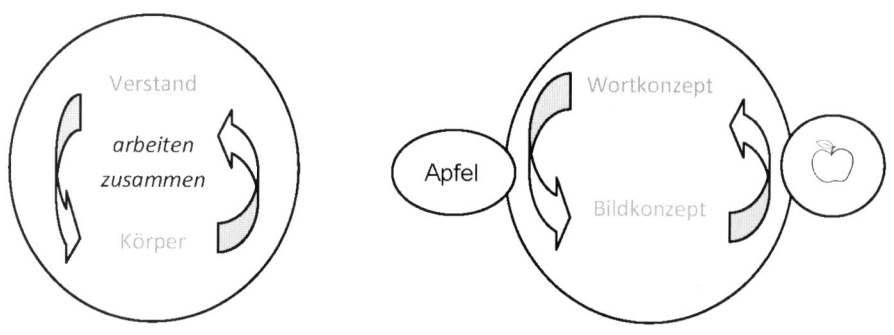

(= Duale Kodierungstheorie; 1970 Allan Paivio)

Sketchnotes:

Um prozessorientiert zu visualisieren, werden drei Grundbausteine zur Sichtbarmachung benötigt:

Baustein I: Inhalte

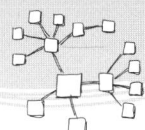

- **Dinge**, die vermittelt werden können: Methoden, Erfahrungen und Denkmodelle etc.
- **Wissen**, das im Rahmen von Situationen des Lernens aufgenommen werden kann: Daten, Fakten und Informationen etc. (z. B. über Äpfel)
- **Inhalte**, die in einem Gespräch entstehen können: Fragen, Vorschläge, Ideen, Argumente etc.

Baustein II: Situationen

Der zweite Baustein orientiert sich an der Fragestellung, in welcher Situation bestimmte Inhalte entstehen und welche Position der Visualisierer übernimmt:

- **Ort/wo man sich befindet:** in einem Vortrag, einer Präsentation, einer Gruppenarbeit, einer Besprechung (z. B. Zukunftskonferenz) etc.
- **Art der Situation:** Wird ausgetauscht oder gelernt?
- **Von wem die Situation ausgeht und wer der Adressat ist:** wie Lehrer ↔ Schüler oder Schüler ↔ Schüler

Darüber hinaus ist der Begriff *Personen-Rolle* zentral. Es muss geklärt werden, in welcher Rolle die Person sich als Visualisierer befindet – ob als Lehrender, Lernender oder Prozessbegleiter. Des Weiteren spielt das anvisierte *Ziel* der Visualisierung eine Rolle: Welches Ziel soll mit der Visualisierung erreicht werden, wie soll visuell präsentiert (= vermittelt), visuell dokumentiert (= Inhalt erhalten) oder visuell erkundet (= strukturiert/sichtbar gemacht) werden.

Baustein III: Ergebnisse

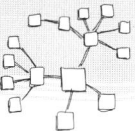

Inhalte (Contents) müssen bei der Anfertigung von Sketchnotes in visuelle Form gebracht werden. Basis dafür bilden visuelle Vokabeln, Flächengestaltungen und Bildfindungen, die wie Vokabeln trainiert werden können.

Im Rahmen des Prozesses sind drei Positionen zu unterscheiden:

- **Visueller Präsenter:** Der Präsenter visualisiert Vortragswissen zumeist live vor den Augen der Lernenden oder mittels bereits im Vorfeld angefertigter Plakate.
- **Visueller Dokumentierer:** Der visuelle Dokumentierer hört Wortbeiträgen zu und setzt die auditiven Inhalte in Sketchnotes zwecks eigenen Lernens um.
- **Visueller Erkunder:** Ein visueller Erkunder wird auch Moderator (Faciliator) genannt. Zu einem Gruppendialog zeichnet er parallel – sichtbar für alle Anwesenden. Dies können Kleingruppen sein, für die Arbeitsplakate mit individuellem Ansatz durch den Moderator erstellt werden. Die Aufgaben eines Moderators sind:

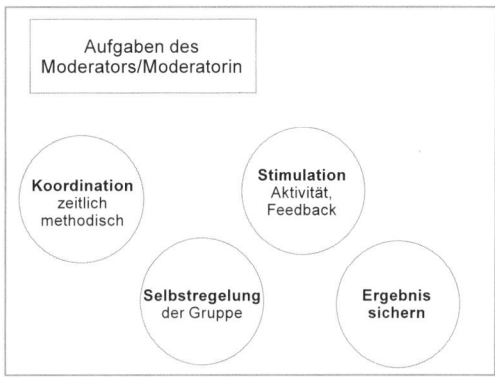

3. Welche Strategien werden zur Visualisierung genutzt?

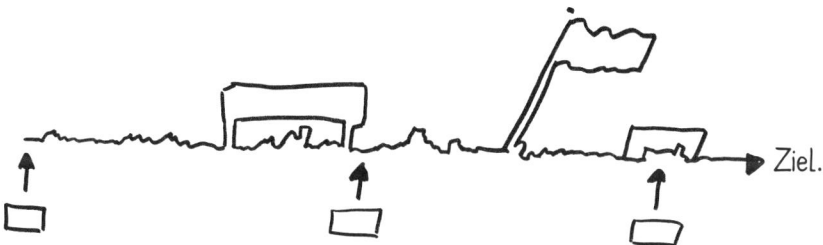

Zahlreiche Lernsituationen und -anlässe bieten die Basics, damit Visualisierer Dialoge und Wissen sichtbar machen. Aus dem Alltag von Lehrenden und Lernenden sind das zumeist:

„Gedanken"-Skizzierungen

Skizzen entstehen oftmals spontan, sodass sie in ihrem Ergebnis geordnet, chaotisch oder aber auch kreativ ausfallen können. Wichtig: Sie halten Gedanken aktiv und regen zu weiteren Aktivitäten an.

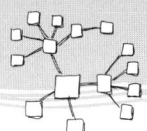

Übung: Eine einfache Linie kann eine Bedeutung haben

Zeichnen Sie, wie im Beispiel unten, aus Ihren Gedanken Silhouetten von Landschaften, Orten / Städten, Menschen oder Tieren aus nur einer Linie.

Mitschreiben & Sichern von Content

Oftmals entstehen solche Situationen, wenn beispielsweise Referate, Vorträge oder Ergebnispräsentationen erfolgen. Kurz (wie in Stichwörtern), knapp, übersichtlich und verständlich müssen Inhalte fixiert werden, um sie gegebenenfalls später wieder sicht- und nutzbar zu machen.

Mapping

Der Begriff *Mapping* könnte auch als *Kartieren* bezeichnet werden. Er bedeutet, dass Inhalte (Content in Form von Bild / Grafik & Text) in einer realen Situation visuell (grafisch) dargestellt werden. Die sich in einem Raum befindenden Betrachter und der Visualisierer haben die Möglichkeit, die erarbeiteten Inhalte zu analysieren bzw. weiterzuentwickeln.

Silke Bosbach: Sketchnotes und Co. im Unterricht

Unter den Begriff Mapping fällt auch die Methode des *Mindmap* (nach *Tony Buzan*). Mindmapping ist eine Arbeitsmethode, die ein flexibles, kreatives und gehirngerechtes Arbeiten ermöglicht. Sie wurde in den 1970er-Jahren auf der Grundlage gehirnphysiologischer Hypothesen entwickelt. Mindmapping ist eine spezielle Art, sich übersichtliche Notizen zu machen. Im Gegensatz zur klassischen linearen Struktur der Aufzeichnungen ist die Mindmap eine auf den ersten Blick übersichtliche „Karte", die das zentrale Thema sofort erkennbar machen soll.

Tipp: Visualisierte Terminplanung (Mindmapping)

Visuelle Typen werden vielleicht auch am *Chronodex-* oder *Spiraldex-System (Kent from Oz)* Gefallen finden. Es eignet sich weniger für einzelne Aufgaben, sondern ist zum Tracken geblockter Zeiteinheiten, zum Auffinden von Zeitfressern und für besseres Zeitmanagement gedacht. In spiralförmige Vorlagen wird eingetragen, welche Termine und zeitgebundenen Aufgaben an einem Tag erledigt werden müssen. Wenn Sie den Tag in verschiedenen Farben visualisieren und Ihren Tagesplan entsprechend einfärben, so ist das anfangs gewöhnungsbedürftig – das Endergebnis ist allerdings überaus effektiv. Auch für das Anfertigen von Sketchnotes bei Live-Aktionen sind solche visualisierten Terminplanungen ideal.

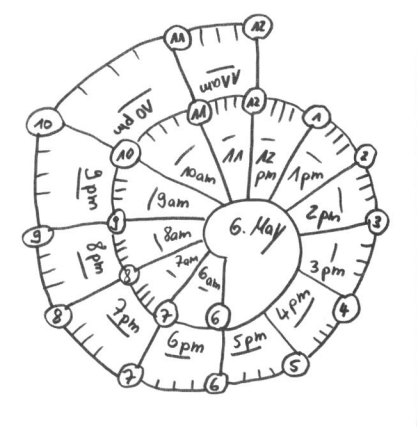

Visual Planning Systems

Eine Methode (nach *David Sibbet*), um Gruppen mit größerer Personenanzahl eigenverantwortlich etwas erkunden zu lassen und anschließend Ergebnisse darzustellen, sind die *Visual Planning Systems*.

Hierunter fällt beispielsweise das sogenannte *Open Space*, eine Arbeitsweise mit 50 und mehr Teilnehmern – ideal für jahrgangsübergreifendes Arbeiten an Schulen: Ein Thema wird ins Plenum gegeben und die Gruppenteilnehmer gestalten dazu je eine Arbeitsgruppe. In dieser werden mögliche Projekte erarbeitet. Die Ergebnisse werden am Schluss gesammelt. Wichtig ist eine Infrastruktur, die die Umsetzung der entstandenen Projektideen organisiert, denn Open Space kann in kurzer Zeit eine große Vielfalt konkreter Maßnahmen produzieren. In Mensen oder Aulas lässt sich hier gut im Schulsystem arbeiten.

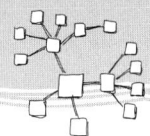

Eine weitere Methode der Visual Planning Systems ist das *World Café*:

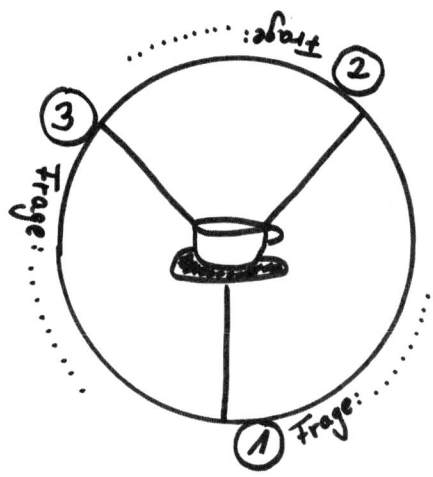

Hiermit eröffnen die Einladenden den Gästen mit relativ wenig Aufwand und professioneller Anleitung einen sicheren Raum mit passenden Fragen, um sich über die verschiedenen Sichtweisen auf und Herangehensweisen an ein Thema auszutauschen, Muster zu entdecken, Ziele und Zusammenhänge zu erkennen, neue Umgangsformen kennenzulernen, kooperativ zu werden, genau hinzuhören, zu hinterfragen, konstruktiv zu diskutieren und so gemeinsam Probleme aufzulösen. Auch sind die Einladenden bemüht, den Gästen zu ermöglichen, über das Treffen hinaus kooperativ zu bleiben. Gruppengrößen von zwölf bis 2000 Personen sind bei einer Großgruppenmoderation möglich. Im Rahmen von Projekttagen lässt sich das World Café facettenreich anwenden, sodass zeitnah gute sichtbare Ergebnisse zu der Basis entstehen.

Grafische Darstellung

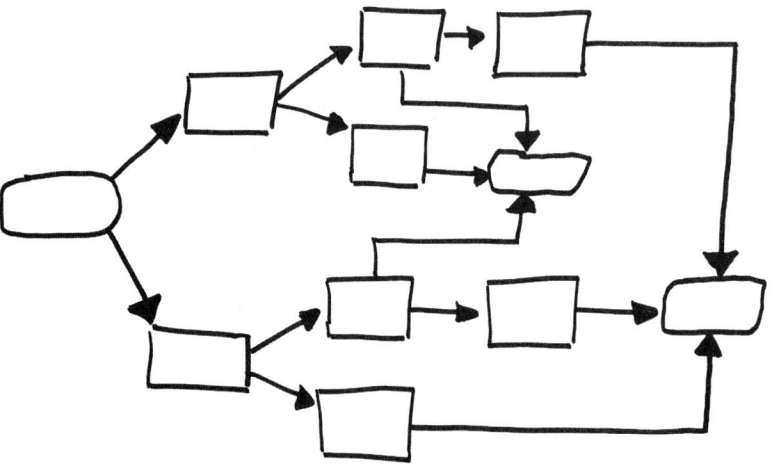

Silke Bosbach: Sketchnotes und Co. im Unterricht
© Auer Verlag

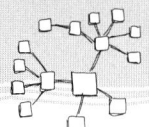

Sowohl *Dia-* und *Infogramme* als auch *Flowcharts* (= Flussdiagramme) und Bild-Text-Layouts können inhaltliche Strukturen und Zusammenhänge grafisch darstellen. Die grafische Darstellung ermöglicht somit eine schnelle Veranschaulichung von Zusammenhängen und erleichtert das Interpretieren und Auswerten von Daten.

Bilderzählung

Unter die *Bilderzählung* fällt das *Graphic Recording* – eine visuelle Live-Dokumentation, wie Sie sie vielleicht aus Workshops und Seminaren kennen. Gespräche und Diskussionen werden inhaltlich zusammengefasst. Die Informationen werden für Publikum und Teilnehmer ansprechend aufbereitet. Die Zeichnungen werden dabei in Echtzeit hergestellt, entweder analog und großflächig mit Papier und Stift oder digital, z. B. auf dem iPad®. Das heißt: Graphic Recording bezeichnet das Erfassen von Inhalten eines Sprechers oder einer Gruppe mit der Absicht, gemeinsames Verständnis, Lernen und gemeinsame Einsichten zu ermöglichen – als großes Wandbild oder digital. Ein Vortrag o.Ä. wird in der Regel live in Echtzeit mit visualisiert, um eine weiterverwendbare Dokumentation für Teilnehmer / Publikum zu erstellen: Es entsteht ein visuelles Protokoll. Gearbeitet wird bei Graphic Recording zumeist auf Papierbahnen, die an der Wand befestigt werden, um thematisch stimmige Bildlandschaften zu erhalten. Der Vorteil der Gestaltungweise ist, dass ein langes Bild viel Content aufnehmen kann. Darüber hinaus können Teilnehmer das Gestalten direkt mitverfolgen und sich daran beteiligen. Das Ergebnis ist eine bildliche Dokumentation mit Ziel eines Veränderungs-/Erweiterungsvorhabens. Schulintern bietet es sich an, Graphic Recording zur Erstellung von Entwicklungen der Schüler (Zielsetzungen der jeweiligen Jahrgangsstufen) anzufertigen. Graphic Recording begleitet Prozesse: das Visualisieren von Regeln, Modellen und Beiträgen in Vorstellungsrunden, Brainstorming, Stimmungsabfragen oder das Sichern von Lernergebnissen in Übungsphasen. Lehrer-Fortbildungen oder Mediationen können ebenfalls nach der Methode visuell festgehalten werden.

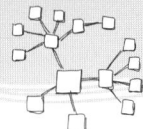
4. Welche Ziele werden mit Sketchnotes verfolgt?

Informationen im Langzeitgedächtnis speichern und behalten

Mnemotechnik ist ein Gedächtnistraining, das der Verbesserung des Speicherns und Behaltens von Informationen im Langzeitgedächtnis dient.

Der Ursprung der Mnemotechnik liegt um 500 v. Chr. Griechische Redner haben sich bereits damals dieser Methoden bedient, um in freier Rede den roten Faden nicht zu verlieren. Grundlage aller Mnemotechniken ist die *Assoziation*. Assoziationen können Verknüpfungen zwischen Bildern, Wörtern, Zahlen, Symbolen oder Plätzen sein. Die meisten Mnemotechniken sind leicht zu erlernen und können bei richtiger Anwendung die Gedächtnisleistung um ein Vielfaches steigern.

Die Mnemotechnik wurde über die Jahrhunderte immer weiterentwickelt, neue Merktechniken entstanden. Heute gibt es zahlreiche Angebote, Mnemotechniken zu erlernen, die den Alltag erleichtern, denn auch im Computerzeitalter müssen sich Menschen, aus eigener Kraft, noch an einiges erinnern: Beliebt sind Mnemotechniken fürs Vokabellernen in der Schule, für das Merken von Ziffern, Namen von Gesprächspartnern und mehr.

Ein Beispiel dieser Technik ist die Methode des *Zahl-Form-Systems*: Beim Zahl-Form-System geht es darum, die einzelnen Zahlen in Verbindung mit Formen zu bringen, die diesen ähnlich sehen oder mit den Zahlen etwas gemeinsam haben. Für die Zahlen von Null bis Neun könnten wir also folgende Formen verwenden:

- 0 = ein Reifen oder ein Loch
- 1 = ein Baum oder eine Kerze
- 2 = ein Schwan, der seinen Hals in dieser Form verbiegt
- 3 = ein Hocker mit drei Beinen
- 4 = ein Auto mit vier Reifen
- 5 = eine schwangere Frau
- 6 = ein Golfschläger
- 7 = eine Sense
- 8 = eine Sanduhr
- 9 = eine Lupe

Und wie kann man sich nun die Zahlen besser merken?

Ganz einfach: Die zu merkende Zahl wird in die einzelnen Bilder umgewandelt und zu einem kleinen Film zusammengebastelt.

Content mit Hand & Kopf umsetzen

Das *kinästhetische Lernen* ist Lernen durch Bewegung und Fühlen oder aber, wie die Erziehungswissenschaftlerin und Pädagogin Dr. Ute Zocher es formuliert, „sich auf den Weg machen, um die Dinge und Menschen um sich herum besser begreifen zu lernen". Der kinästhetische Lernende schafft es, Dinge aus dem Kurzzeitgedächtnis in das Langzeitgedächtnis zu transportieren und es dort für Abrufe abzuspeichern. Explizite Sketchnote-Techniken helfen hierbei. Das Abrufen von Bildern ist umso leichter, je simpler sogenannte Schlüsselbilder dargestellt sind.

Ursprung des oben beschriebenen Entdeckenden Lernens, wie wir es heute in vielen Ausprägungen kennen, ist *Deweys* Projektmethode, die er zu Beginn des 20. Jahrhunderts mit seinem Schüler *Kilpatrick*

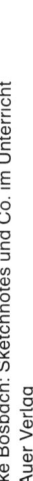

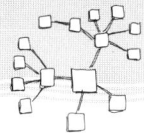

entwickelte. Nach Deweys Ansicht bleibt Lernen, das nicht auf Erfahrungen beruht und nicht aktiv gestaltet wird, gänzlich wirkungslos.

Nachhaltiges Lernen

Nachhaltiges Lernen ist effektiv, wenn Wissen in seinen unterschiedlichen Formen im Langzeitgedächtnis verankert ist und bei der Bewältigung von unterschiedlichen Herausforderungen im Alltag verlässlich zur Verfügung steht.

Demnach sind Präsentationen am Beamer in bilder- und medienüberfluteten Zeiten zumeist nur Schall und Rauch für das Langzeitgedächtnis.

Von Hand angefertigte Bilder (wie Sketchnote-Plakate) sind zeit- und prozessintensiver. Sie entschleunigen und können positiv zur Kommunikation bzw. Entwicklung beitragen.

Weg vom Handout …

… hin zum gemeinsamen Lernen. Kurz ist oft zu lange. Das erlebt man im Alltag oft, wenn Frontalpräsentationen durch eine Person durchgeführt werden.

Warum wagen Sie nicht einmal einen Versuch und beziehen die Anwesenden durch aktive Gesprächsbeteiligung und Visualisierung mit ein? Lassen Sie Bilder, zu denen jede Person bzw. die Mehrheit aktiv beigetragen hat, anstelle eines Handouts anfertigen und diese direkt auswerten.

Schneller zur Lösung: Options-Wolken

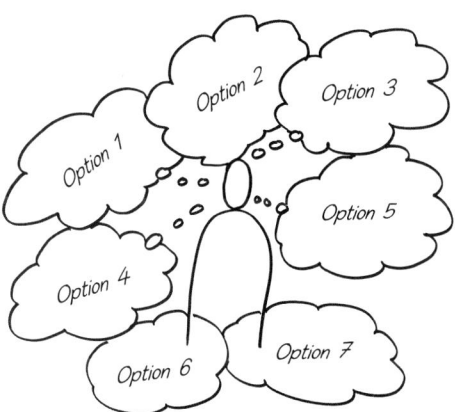

Oftmals stehen im Alltag Überlegungen an, die nur in der Gemeinschaft geklärt werden können. Hierunter fallen zum Beispiel Diskussionen rund um Klassenfahrtziele oder die Ziele von Tagesausflügen. Oft fehlen in diesen Gesprächsführungen allerdings Sachlichkeit und Neutralität, um sich einer Entscheidung für alle positiv zu nähern. Um schnell zu gemeinsamen Lösungen zu kommen, bietet es sich an, mit *Options-Wolken* (mit Ja / Nein / Vielleicht) zu agieren. Options-Wolken werden daher auch *Revisions-Wolken* genannt. Mithilfe der Wolken-Methode erhält man in kurzer Zeit ein gutes Meinungsbild aller anwesenden Personen, egal ob es sich um kleine oder größere Lerngruppen handelt.

Unterstützung & Wertschätzung

Wertschätzungen von Einzelbeiträgen sollten einen hohen Stellenwert in der visuellen Kommunikation erhalten. Besonders Beiträge, die von ruhigen Menschen in einer Gruppendynamik stammen, erhalten dadurch die Bestätigung, dass jeder Beitrag wichtig ist und zählt. Denn: Auch kleine mündliche Beiträge tragen zur Entwicklung eines Gesamtprozesses bei und sollten Beachtung finden.

KAPITEL 2: BASISWISSEN

1. Grundlagen für die Praxis

Vokabeln lernen

Visualisieren ist nichts anderes, als Wortbegriffe in einer Fremdsprache zu erlernen. Hierzu ist es unerlässlich, sich einen umfangreichen Wortschatz anzueignen. Und damit beginnt der Start in die Praxis mit dem Lernen von Vokalen zum Visualisieren.

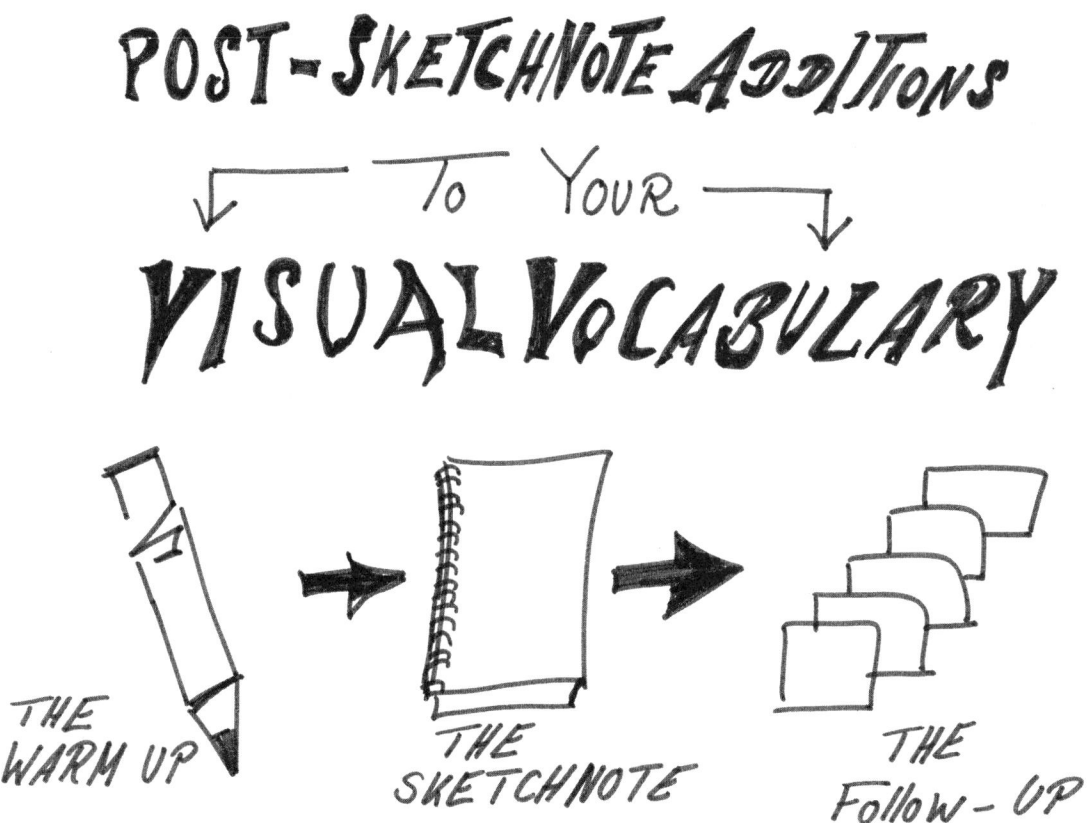

Grundmaterial

Für das Sketchnoting existiert ein riesiger Markt an Papieren und Stiften, aber auch überflüssigen Sachen. Vollkommen ausreichend für Newcomer sind zunächst ein schwarzer Filzstift und ein Blanko-Block im DIN-A4-Format. Normales Papier, mit einem Gewicht von 80 g/qm, ist bereits ideal. Hierbei kann es nur passieren, dass ein Filzstift auf das Blatt darunter farbig durchdrückt, weil es zu dünn ist. Die Verwendung von Zwischenblättern zum Schutz ist daher sinnvoll. Außerdem gibt es liniertes, kariertes und gepunktetes Papier. Letzteres ist für die Anfertigung von Sketchnotes mit zahlreichen Schriftelementen sinnvoll.

Auch die Fülle an Stiften ist unendlich: Filzstifte, Fineliner, Kugelschreiber und Kugelroller, Bleistifte unterschiedlichster Stärke – und vieles mehr. Die Basis für Sketchnoting bilden ein schwarzer Stift für die Outlines und ein dickerer – beispielsweise grauer – Filzstift, damit man schnell Schatten hinzufügen kann.

Farben helfen dabei, Sketchnotes zu verschönern, gewisse Schwerpunkte koloriert hervorzuheben oder Emotionen zu verdeutlichen.

2. Visualisierungstechniken & deren Vokabeln

Grundformen

Designs, d.h. visuelle Ergebnisse, setzen sich aus Grundformen zusammen. Doch wie sehen diese Grundformen aus?

Es sind grafische Grundelemente: der Punkt und die Linie. Beim Sketchnoting werden sie auch als *Visuelles Alphabet* bezeichnet. Es gibt unzählige Variationsformen der Ausarbeitung von Linien. Denken Sie alleine an eine kurze Linie, eine lange Gerade als Strecke, eine gebogene Linie als Wellenlinie und vieles mehr.

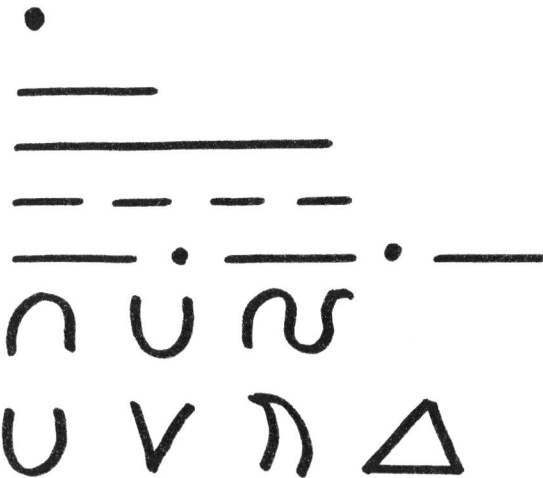

Kombiniert man grafische Grundelemente untereinander, so ergeben sie Designformen. Versieht bzw. füllt man diese noch mit Farbe, so erhält man eine Art Raum der Visualisierung. Hier sehen Sie Beispiele für einfache Formen aus den Grundelementen:

Es gibt auch Bücher, die in Schritt-für-Schritt-Anleitungen das Zeichnen von Gegenständen in ihren Grundformen thematisieren. Die Zeichnungen sind oft so stark formreduziert, dass sie an Bilder von Kindern erinnern. Am besten lernen Sie allerdings durch einfaches Hinschauen und eigenständiges Nachmachen.

Beispiele für das Zeichnen eines Objektes Schritt für Schritt:

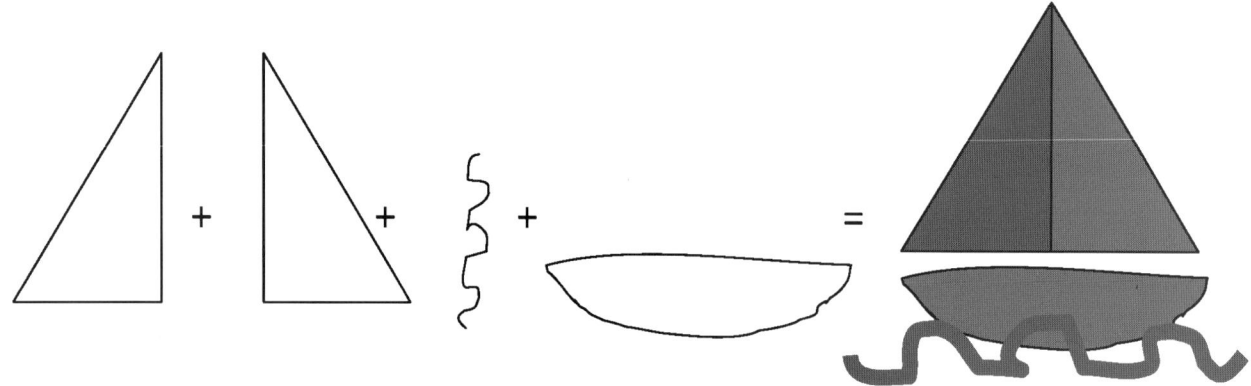

Tipp: Umrisslinien zuerst

Zeichnen Sie immer zuerst die Umrisslinie (Kontur); erst dann die erzeugten Formen kolorieren. Diese Arbeitstechnik stammt aus den amerikanischen und japanischen Comics. Da zumeist mit Filzern bzw. Markern gearbeitet wird, sollten Sie zunächst mit den größeren Elementen, die angefertigt werden, beginnen. Ideal: Gestalten Sie immer von vorne nach hinten. Dieses Arbeitsprinzip kann zur Einführung am besten anhand eines Plakates geübt werden. Gestalten Sie zunächst alle Umrisslinien mit schwarzer Farbe, erst dann die Feinheiten, die weiteren Inhalte oder farbigen Details.

Übung: Auf die Grundform reduzieren

Schauen Sie sich in einem Raum um, reduzieren Sie die Dinge, die Sie um sich herum sehen, auf ihre Grundformen. Zeichnen Sie diese gesehenen Formen in ein Blanko-Heft, das Sie als Skizzenbuch – eine Art Tage- oder Vokabelbuch– führen. Von den Indoor-Übungen können Sie dann in den Outdoor-Bereich wechseln. Piktogramme, Emoticons oder Verkehrsschilder – unsere Welt ist voll von solchen Bildern. Um die eigene Bildsprache jederzeit zu vervollständigen, sollten Sie Ihr Skizzenbuch jederzeit griffbereit haben.

Ideen-Entwicklung I & II

Übung: Visuelle Sprache einmal anders

Ergänzen Sie die offenen Zeichenflächen auf der nächsten Seite und entwickeln Sie eigene Sketchnotes-Bausteine.

DETAILLIERTE TEXTBESCHREIBUNG	VS	EINFACHES SKETCHNOTE
1. Als **Baum** wird im allgemeinen Sprachgebrauch eine verholzte Pflanze verstanden, die aus einer Wurzel, einem daraus emporsteigenden, hochgewachsenen Stamm und einer belaubten Krone besteht.		
2. Die **Alpen** sind das höchste Gebirge im Inneren Europas.		
3. Das **Sonnensystem** umfasst die Sonne, die sie umkreisenden Planeten und deren natürliche Satelliten, die Zwergplaneten und andere Klein-körper wie Kometen, Asteroiden und Meteoriten sowie die Gesamtheit aller Gas- und Staubteil-chen, die durch die Anziehungskraft der Sonne an diese gebunden sind.		

Übung: Bildideen entwickeln

Sketchen Sie in die folgenden Raster (S. 20) Linien, Kreise, Dreiecke, Vierecke und Punkte, um für die einzelnen Begriffe Bildideen zu erhalten. Taucht ein Begriff auf, dem spontan ein Einfall fehlt: Bitte überspringen Sie diesen einfach! Die letzte Reihe sollen Sie mit eigenen Ideen füllen.

STIFT	BUCH	TEST	STUHL
KREIDE	MÄPPCHEN	SPORTSCHUHE	TENNISBALL
KUNST	DEUTSCH	MATHE	GESCHICHTE
HAUSAUFGABE	BUCH	LEHRER	SCHÜLER
FREIE IDEE I	FREIE IDEE II	FREIE IDEE III	FREIE IDEE IV

Grundformen – wie Buchstaben – zu visuellen Vokabeln zusammengesetzt, werden im Fachjargon auch als *Piktogramme* bezeichnet. Sie sind an unzähligen Stellen im Sketchnote-Bereich einzufügen und transportieren auf vielfältige Weise bestimmte Inhalte. Einige visuelle Vokabeln für den praktischen Gebrauch sind der folgenden Piktogramm-Sammlung zu entnehmen:

Übung: Piktogramme zeichnen

Wählen Sie ein Piktogramm aus der oberen Sammlung aus. Zeichnen Sie dieses mit einem schwarzen Filzstift ab. Gehen Sie dabei Schritt für Schritt vor: Aus welchen Grundformen besteht das Symbol, wie sind die Grundformen aneinandergesetzt, gibt es Stellen, die die symbolische Aussage verstärken? Zeichnen Sie anschließend eigenständig ein eigenes Piktogramm. Überlegen Sie sich zuvor, welches Ziel – und damit welche Aussage – das Symbol verfolgen soll.

Visuelle Wortbegriffe gehören auch zu dieser Arbeitsmethode, die aus Effektlinien entsteht und aus dem Bereich Comic stammt. Die Begriffe können so dargestellt werden, dass sie in Bewegung zu sein scheinen. So können Linien beispielsweise sowohl Richtungen andeuten, Bewegungsmethoden darstellen als auch Geschwindigkeiten ausdrücken:

Mit Farbe umgehen

Der Einsatz von Farbe ist beim Visualisieren nicht an die Natur gebunden. Sie wird zumeist strategisch eingesetzt und kann an gestalteten Formen bzw. Flächen auf dreierlei Weise angebracht werden:

a) Schattieren

Empfehlung: helle Töne

b) Markieren

Mit einem Farbwischer wird das Wichtigste kenntlich gemacht.

c) Kolorieren

Es können sowohl die Flächen selbst als auch der Hintergrund koloriert werden. Empfehlung: helle Töne

Die Darstellung von *Schrift* spielt bei der Aufnahme von Inhalten durch Sketchnotes eine signifikante Rolle. Es sollte nicht nur lesbar und gleichmäßig geschrieben werden. Ebenfalls zu berücksichtigen gilt, dass das optimale Schreibmaterial maßgeblich zum Erfolg der Sketchnotes beitragen kann. Das Einfachste ist, Überschriften größer zu schreiben als den Text. Dies ist nicht immer sinnvoll und auch nicht immer möglich. Jedoch bieten sich Ihnen eine Vielzahl weiterer Möglichkeiten, das Aussehen der Texte in Sketchnotes zu variieren, um verschiedene Ebenen darzustellen oder Aussagen zu unterstreichen. Zunächst einmal kann man den Text verschieden kräftig erscheinen lassen. Dies kann alleine schon durch die Verwendung von Stiften mit unterschiedlichen Strichstärken geschehen. Um eine Linie optisch auffallend zu gestalten, ist es die einfachste Lösung, Blockbuchstaben zu verwenden. Diese heben Texte hervor. Eine besonders harmonisch wirkende Möglichkeit, den Text hervorzuheben, ist die Verwendung einer Schreibschrift.

Beispiele:

Variationen Typografie

Im Rahmen des Visualisierens ist es unentbehrlich, dass Textfragmente auftauchen. Tatsache ist, dass stichwortartige Passagen in Sketchnotes unser Gehirn aktivieren: Wir erhalten eine Möglichkeit, dass das Gehirn sich durch die Bilder leichter orientiert und Inhalte besser eingeprägt werden. Folgende Praxistipps sollten Sie hierbei berücksichtigen:

 **Tipp: Textfragmente gestalten**

Titel / Überschrift & Textfelder gestalten:

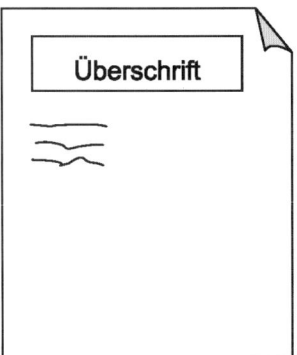

Content-Flächen (Flächen mit Inhalt) und Leit- / Verbindungssymbole einfügen:

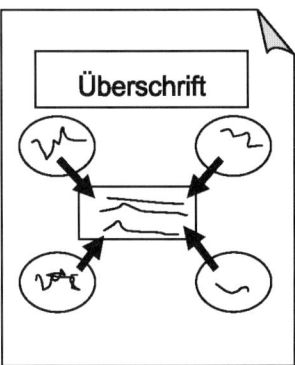

Content-Flächen können durch grafische Elemente kombiniert werden, um bestimmte Aussagen zu verstärken. Im Rahmen dessen sollten auch wichtige Schlüsselbegriffe (farbig) markiert werden.

Textflächen

Im Rahmen des Themas Sketchnote wird an zahlreichen Stellen auf Comic-Elemente sowie *Denk- und Sprechblasen*, mit denen Aussagen und Stimmungen kommuniziert werden, zurückgegriffen:

Sie können auch verschiedene Sprechblasen untereinander zur Erstellung einer eigenen Aussage kombinieren, die dann beispielsweise für Gefühle, Gedanken & Reaktionen stehen:

1 = Team & Time

2 = Sichtweisen zusammenfügen (Besprechung)

3 = gemeinsame Gedanken (Ideensammlung)

Neben Sprechblasen benötigt der Inhalt aber auch geschlossene Textflächen, die Informationen transportieren: die sogenannten *Container*. Die Designformen von Containern können so gestaltet sein, dass

sie alleine über ihre Flächengestaltung konkret formulierte Aussagen übermitteln. Sie werden häufig für Überschriften- bzw. Titelflächen verwendet.

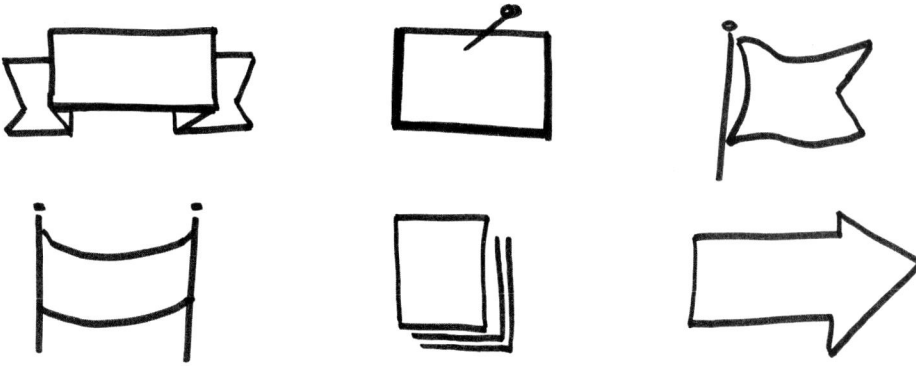

Figuren

Wie bei Cartoons spielt bei Sketchnotes der Einsatz von *figurativen Formen* eine zentrale Rolle. Diese können als Einzelpersonen, über Zweiergruppierungen bis hin zu größeren Ansammlungen zusammengefügt werden. Die Anzahl der Figuren ist davon abhängig, welche Aussage zentralisiert wird. Wunderbar ist, dass Sketchnotes-Figuren sich ganz leicht, schnell und für den Betrachter verständlich aus Grundformen zusammensetzen.

Menschen: Mittels der grafischen Elemente Punkt und Linie entstehen beim Sketchnoting Figuren – beispielsweise ohne oder mit Armen, stehend oder in Bewegung, Männer oder Frauen – als Einzelperson oder in der Gruppe.

Emotionen: Figuren können auch Emotionen ausdrücken.

27

Tiere: Neben menschlichen Figuren lassen sich auch tierische Zeichnungen mit eigenem Aussagestil spielerisch anfertigen.

- **Alternative Figurenform:** Um Aufmerksamkeit zu erzeugen, verwendet man oftmals beim Zeichnen Figuren, die optisch aus dem klassischen Rahmen springen. Hierzu gehören menschlich anmutende Figuren in Grundform eines Sterns.

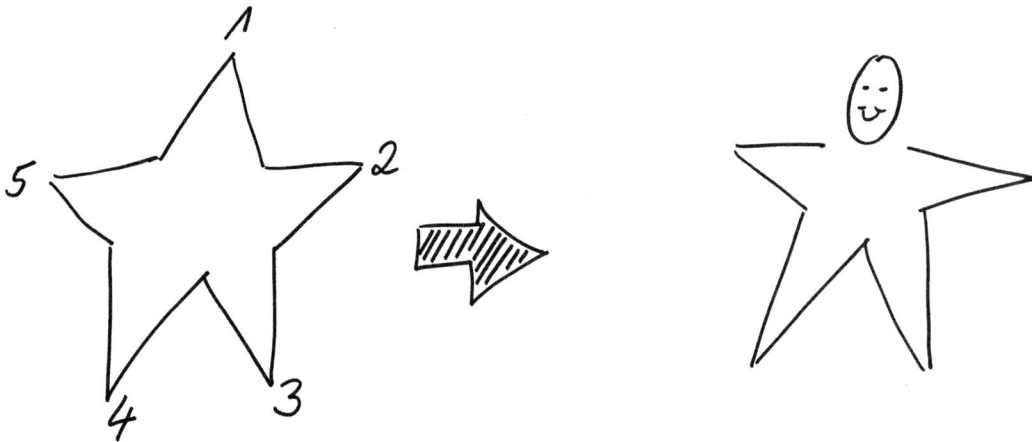

Mustersammlung I

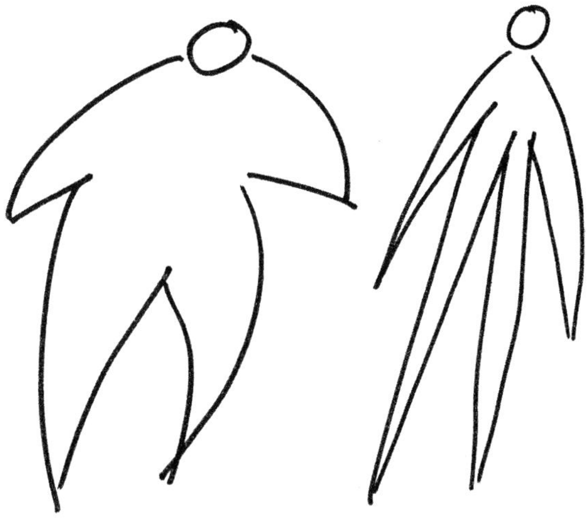

Mustersammlung II

Übung: Menschen zeichnen

Zeichnen Sie eigenständig weitere Menschen im Stil der Mustersammlungen I und II.

Sketchnotes: Rezepte für ein Gesicht

Kopf

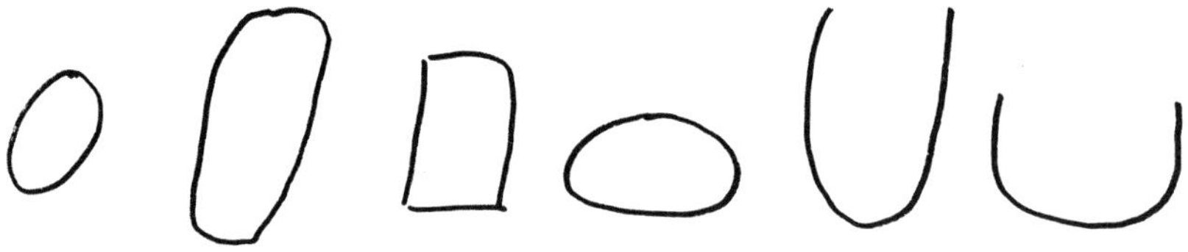

Augen

Mund

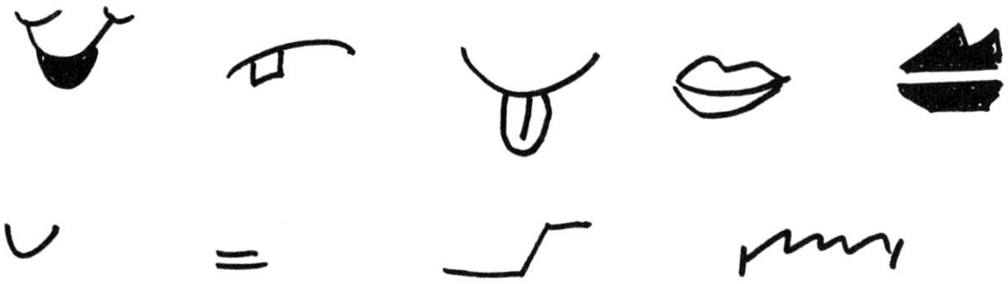

Nase

Haare

Ideen-Entwicklung III

> ### Übung: Menschen und Tiere zeichnen
> Nehmen Sie einen Stift – und los geht's:

Mensch: stehend	**Mensch: gehend**	**Mensch: rennend**	**Tier: springend**
Mensch: sitzend	**Mensch: denkend**	**Mensch: telefonierend**	**Tier: bückend**
Lehrer	**Schüler**	**Hausmeister**	**Sekretärin**
Chef	**Hochzeitspaar**	**Spaziergänger & Hund**	**Angler & Fisch**
Freie Idee I	**Freie Idee II**	**Freie Idee III**	**Freie Idee IV**

Trennungselemente

Damit Sketchnotes optisch gut erkannt und interpretiert werden können, verwendet man beim Zeichnen nicht nur Bereiche, die mittels Linien miteinander verbunden werden, sondern auch sogenannte *Trennungselemente*, um Inhalte voneinander zu separieren. Es handelt sich hierbei um grafische Elemente – wie gepunktete oder schraffierte Linien, Balken und sonstige Linienformen –, die Sketchnotes Struktur und einen Wiedererkennungswert geben. Bei der Verwendung ist darauf zu achten, dass Trennungselemente nicht zu nah an die zu trennenden Bereiche herankommen und somit zu einer Verbindungslinie werden. Alternativ lassen sich auch kleine Ornamente einsetzen.

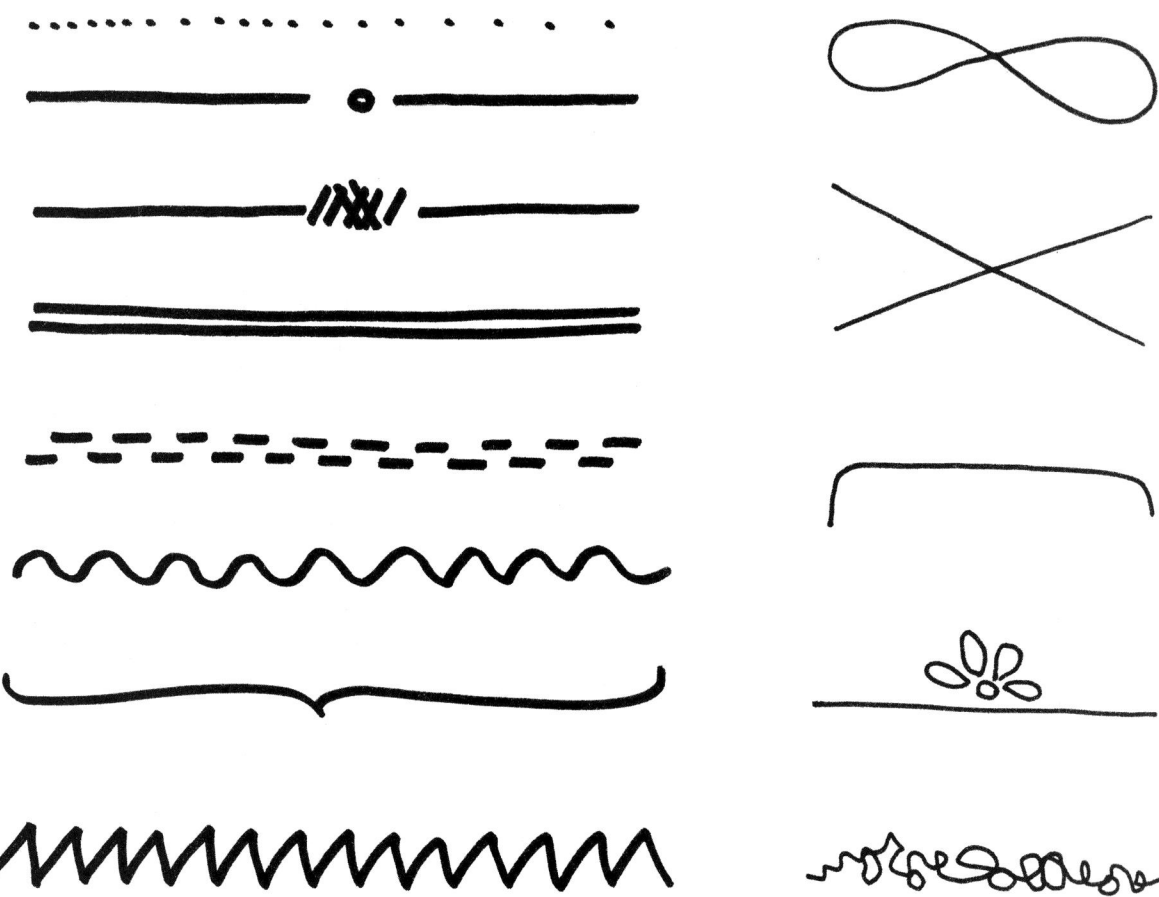

KAPITEL 3: ERSTE STUFEN DER PRAXIS

1. Vom Content zum Design

Bei der Vermittlung von Inhalten stellt sich die Frage, wie der Visualisierer kommunizierende Inhalte in visuellen Botschaften festhalten kann. Zu berücksichtigen gilt, dass Visualisierungen an Entstehungskontexte geknüpft sind.

Hinweis: Wenn unterschiedliche Kulturkreise aufeinanderprallen, kann es schnell zu Missverständnissen im Rahmen von Bildmetaphern (Zeichnungen) kommen. Provokationen sollten grundsätzlich auch beim Sketchnoting vermieden werden.

2. Vier Grundregeln zur Visualisierung

Vier Grundregeln zur Anfertigung von Sketchnotes lassen sich hinsichtlich Thema und Darstellungsart unterscheiden:

Thema & Darstellungsart　　　　　　　　　　**Sketchnotes-Beispiel**

REDUKTION

= reduzierte Darstellung
z. B. von Zahlen, Mengen & Daten

KOMPLEXITÄT

= komplexe Darstellung
zur Verhältnisdarlegung / von Beziehungen

A = abstrakt
z. B. Zahlen, Daten, Fakten in einfachen
Situationen (Piktogramme)

Mobbing

= bildhafte Darstellung
z. B. Menschen in Situationen oder Szenen,
Bildmetaphern

Experiment

Diese vier Segmente können auf zweierlei Weise – mithilfe von Pfeilen / Linien als Verbindungssystem untereinander – dargestellt werden:

Möglichkeit I

… als STRUKTUR

= Einzelteile in Verbindung setzen ohne vorge-
gebene Leserichtung

Möglichkeit II

… als PROZESS

= ein Ablauf mit einzelnen (aneinandergereihten)
Schritten, der sich entwickelt

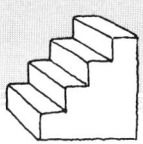

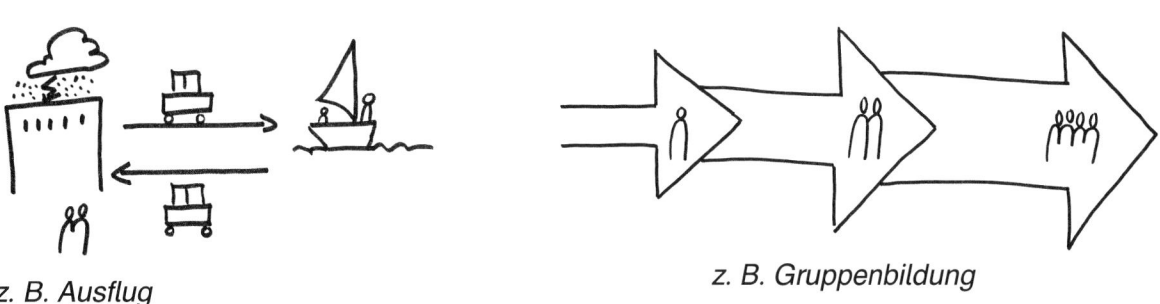

z. B. Ausflug

z. B. Gruppenbildung

3. Pfeilarten

Bei der Gestaltung von Sketchnotes ist die Verwendung von *Pfeilen* unumgänglich. Sie geben in vielen Fällen nicht nur eine Richtung an, sondern tragen zum Teil auch symbolische Bedeutung. Es gibt viele verschiedene Arten gezeichneter Pfeile.

Mögliche Auswahl an Pfeilen:

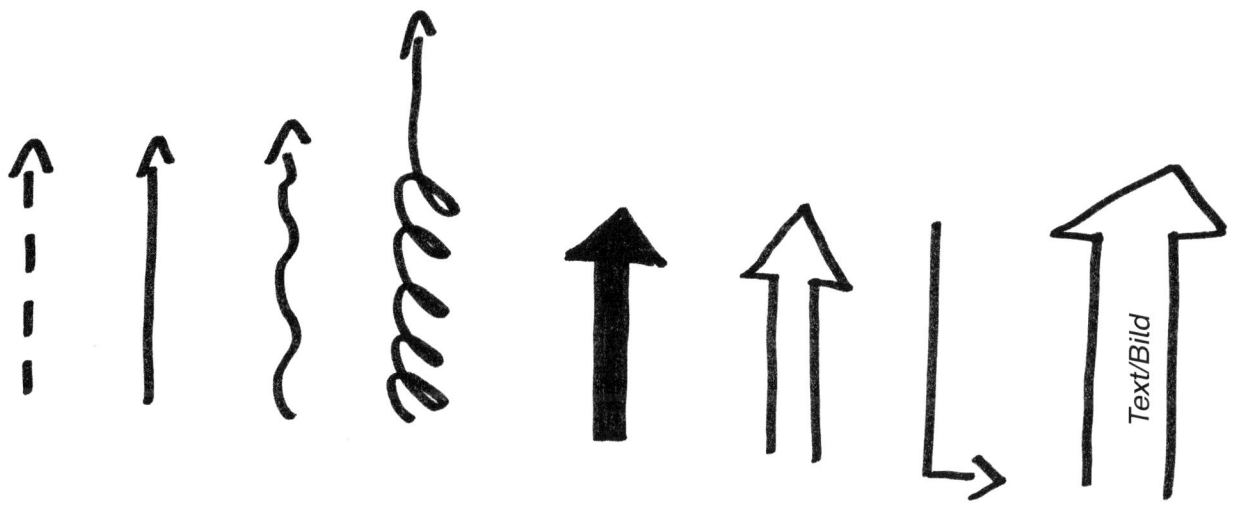

Des Weiteren unterscheidet man Pfeile nach ihren symbolischen Eigenschaften:

Richtungs-/wegweisende Pfeile: 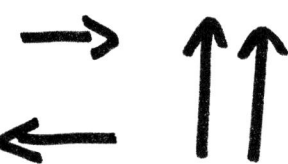	**Beziehungen von Personen darstellende Pfeile:** 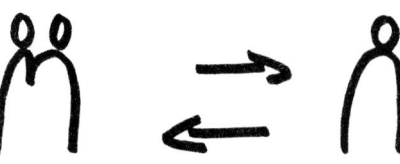
Entwicklungen deutende Pfeile: 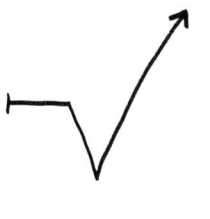	**Assoziationen, Verweise, Ursachen & Wechselwirkungen präsentieren:** 

Wegdarstellungen in räumlicher oder anvisierter Form:

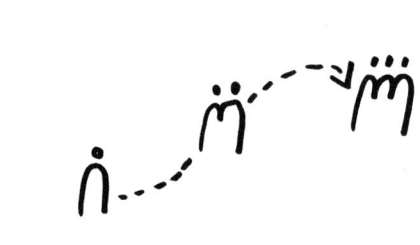 z. B. Weg des Informationsflusses	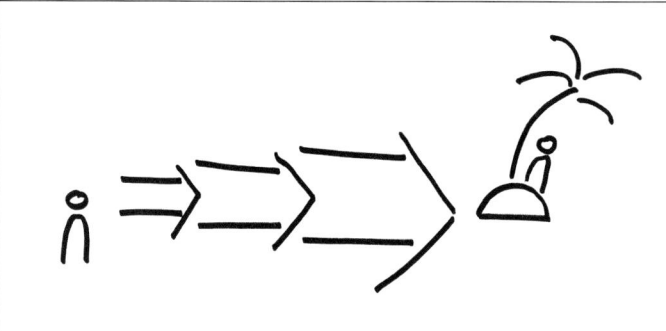 Container-Pfeile (Flussdiagramm)

Prozesspfeile (vom Ursprung ins Ziel):

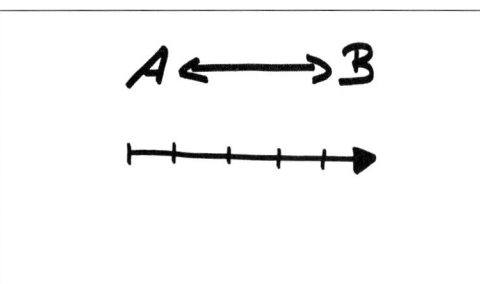	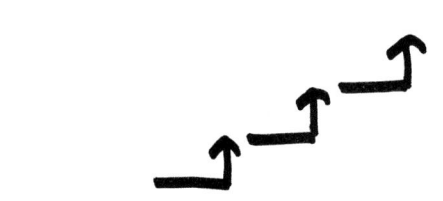 Stufen-Pfeil (Diagrammpfeil) – z. B. Ausbildungsschritte

Zirkuläre Pfeile (Wiederkehrende Abläufe):

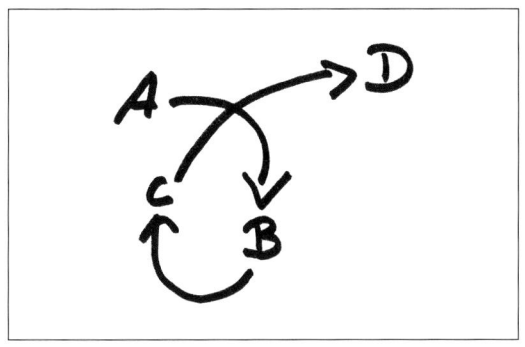
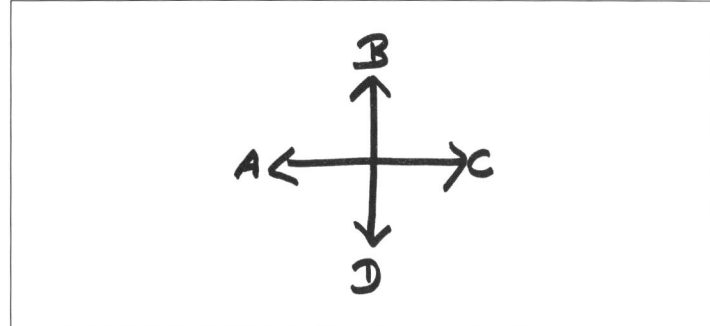

Visualisierung von Pfeilen

Zur „bewegten" Visualisierung können folgende Pfeile verwendet werden:

1. Reihe:

betreten

herauskommen

hinlegen & herausnehmen

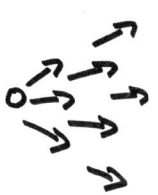

2. Reihe:

erkunden

zusammenkommen

aufeinanderprallen

3. Reihe:

ausweichen

Engpass!

abprallen

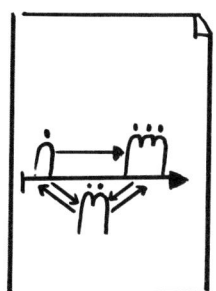
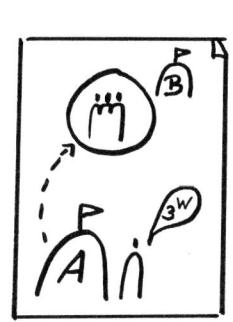
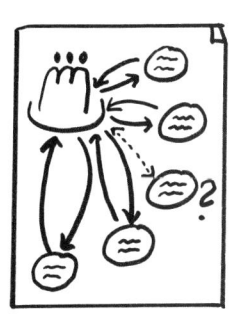

4. Reihe:

Teambildungen & Meinungsaustausch

Wissen zusammengefasst – das ist nun bekannt:

Sketchnote-Bibel

Visueller Grundwortschatz	Schriftgestaltung
	Kursiv
	dünn
	BLOCK...
	SCHMAL
Grafikelemente	Verbinder

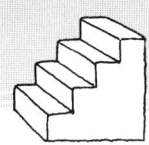

Ideen-Entwicklung IV

Übung: Pfeile zu einem vorgegebenen Thema zeichnen

Nehmen Sie einen Stift – und los geht's!

ANSTOßEN	AUSWEICHEN	ANGREIFEN
BEGINNEN	ZUSAMMENFINDEN	UMWEG NEHMEN
ZUNEHMENDE STEIGUNG	HINDERNIS AUSWEICHEN	ERKUNDEN
FREIE IDEE I	FREIE IDEE II	FREIE IDEE III

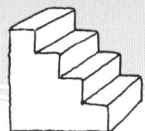

Beispiel

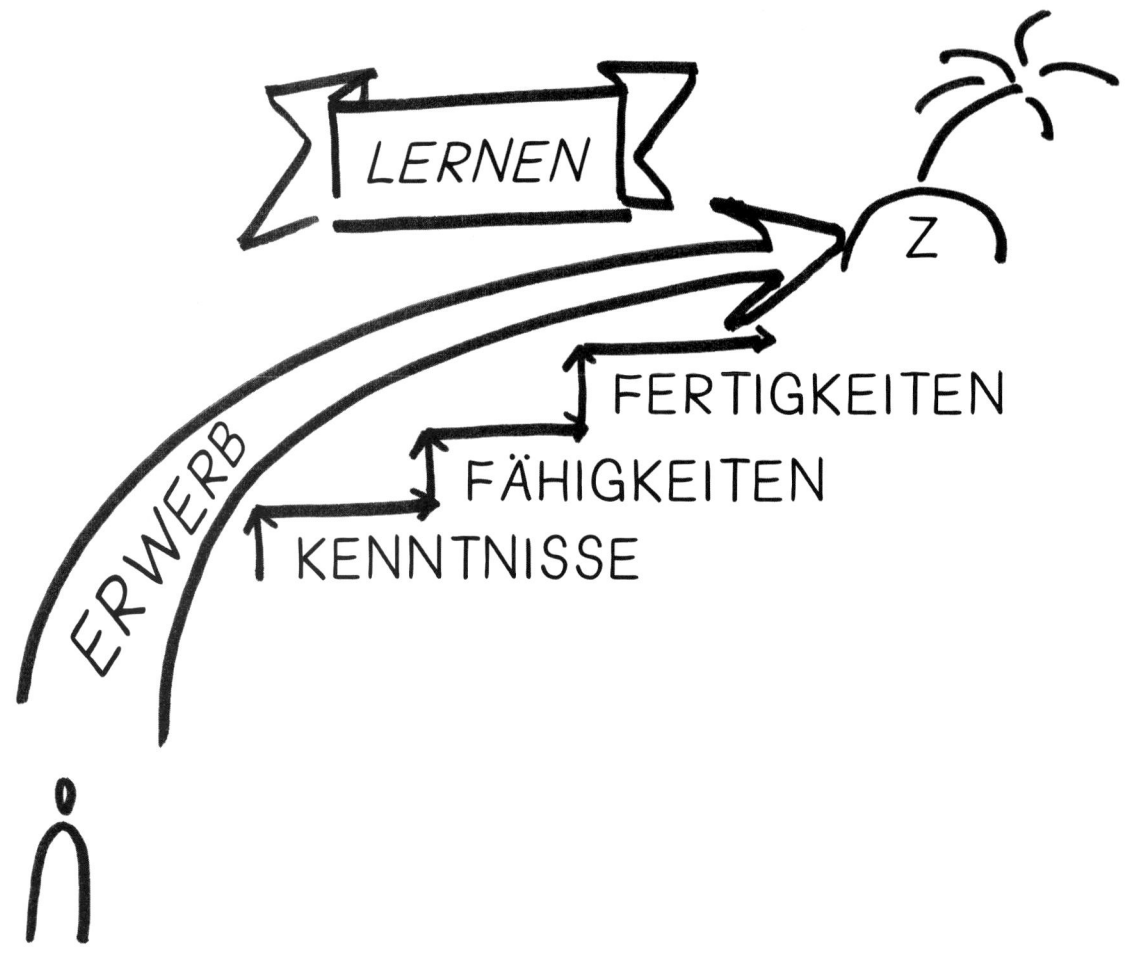

4. Darstellung Diagramme/Grafiken

Diagramme gibt es in unzähligen Gestaltungsformen. In der Schule werden diese nicht nur für das Fach Mathematik verwendet, sondern aktiv auch in fächerübergreifender Form als Entwicklungs- und Organisationsmodelle.

Kreisdiagramme

Kreisdiagramme sind eine Form von Diagrammen und ideal beim Sketchnoting, um Beziehungen, Verbindungen, Differenzierungen, Zielsetzungen oder Bewegungen darzustellen. Mögliche Varianten sind:

a)    (Proportions-)Beziehungen darstellen

b)    Gruppe 1 & Gruppe 2 arbeiten unabhängig voneinander

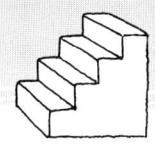

c) 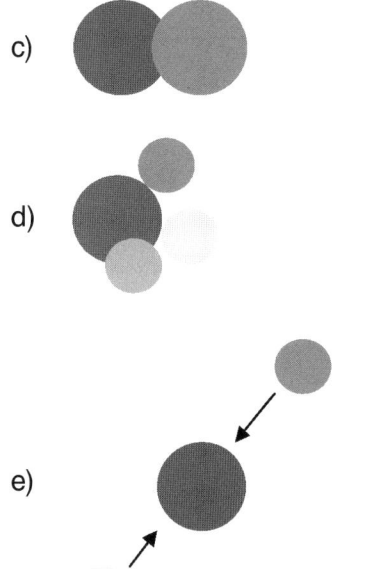 Gruppen schließen sich zusammen (= fusionieren) zum Austausch von Ergebnissen

d) Neue Personen/Bereiche schließen sich der Hauptgruppe an, arbeiten eigenständig, stehen aber im Austausch

e) Annäherung der Personen/Gruppen zum Austausch

Datendiagramme

Datendiagramme sind eine weitere Variante der Gestaltung von Sketchnotes, um Verhältnisse visuell darzustellen und zu erläutern, aus was Contents bestehen und wohin sie sich entwickeln. Zu dieser Diagrammart gehören:

Tabellen: Tabellen können waagerecht oder senkrecht optisch gestaltet sein und sind beliebig verlängerbar.

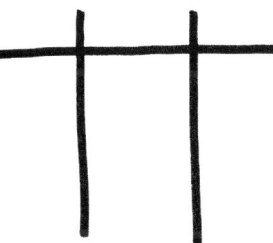

Matrix: Eine Matrix ist eine Art Achsendiagramm und gibt die Wertigkeit wieder, z. B. Status wichtig/ unwichtig.

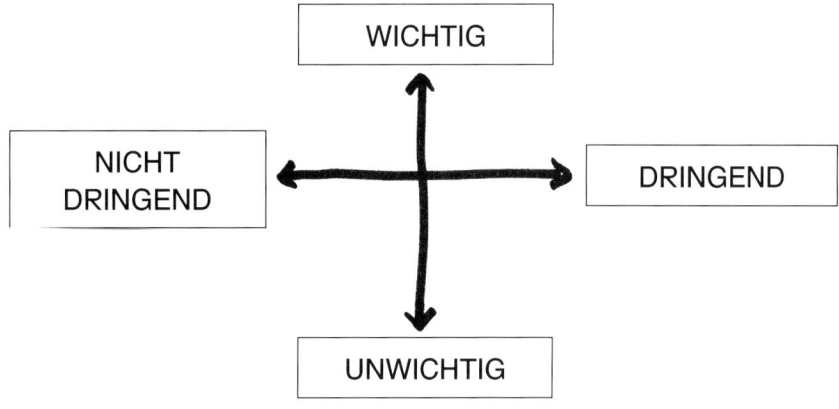

Achsendiagramm: Verschiedene Gestaltungsformen können unterschieden werden. Beispielsweise ergeben zwei rechtwinklige Achsen ein Feld oder Achsendiagramme geben zwei Wertebeziehungen wieder.

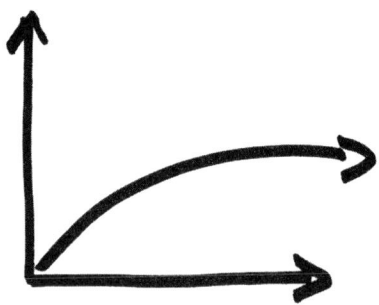

Tortendiagramme: Ergebnisse werden als Kreis oder Ring dargestellt. Auch Segmente/Mengen werden dargestellt.

Säulendiagramm: Säulendiagramme sind ideal, um Vergleiche darzustellen. Unterschiedliche Säulen/Balken dienen als Designbasis.

Informationsdiagramme – Ordnung muss sein

Informationsdiagramme, auch Infogramme genannt, werden ebenfalls im Sketchnoting verwendet. Der US-amerikanische Informationswissenschaftler und Grafikdesigner *Edward Tufte* prägte im Rahmen dieses Themas den Begriff *Chartjunk* („Diagrammschmutz"), um nutzlose bzw. informationslose Bestandteile von Übersichten zu kennzeichnen. Er fordert in visuellen Darstellungen auf, jegliche dekorativen Elemente zu unterlassen. Deshalb: Ordnung muss bei der Anfertigung von Informationsdiagrammen sein. Für das Visualisieren spielt dieses Wissen eine zentrale Rolle, da hieraus die Schlussfolgerung entsteht: Je plakativer die Darstellung (z.B. für Wandbilder oder Plakate), desto besser ist die Merkfähigkeit. Und: Je klarer Content & Design sind, desto effektiver ist die Zielaussage wahrzunehmen bzw. zu transportieren. Um solche Sketchnotes anzufertigen, werden *Templates* (= Schablonen/Vorlagen) benötigt, um Content (= Inhalt) einzufügen und optisch klar zu halten.

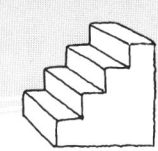

Beispiel „Layout"

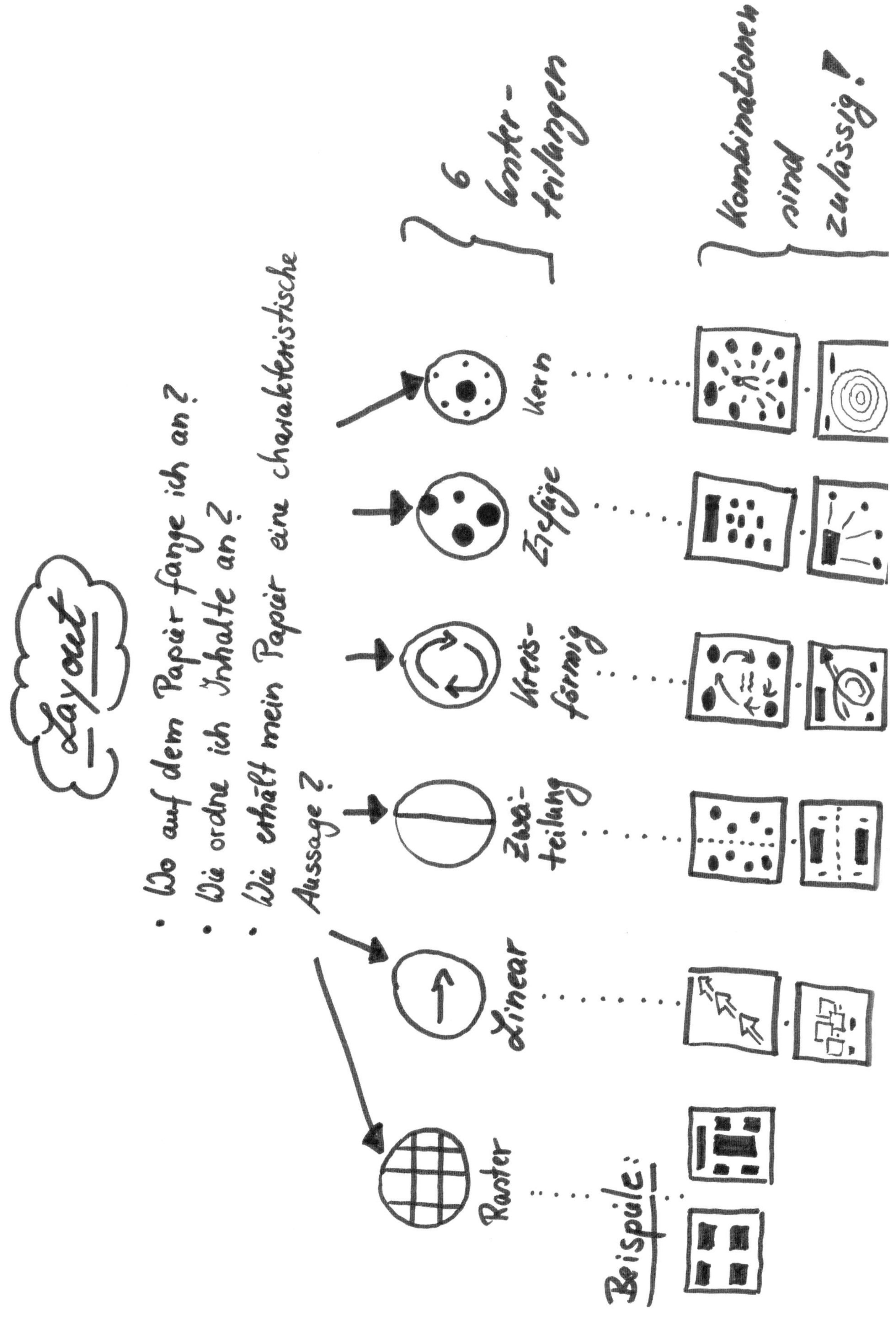

Layout

- Wo auf dem Papier fange ich an?
- Wie ordne ich Inhalte an?
- Wie erhält mein Papier eine charakteristische Aussage?

Kern

Gefüge

Kreis-förmig

Zwei-teilung

Linear

Raster

6 Unter-teilungen

Kombinationen sind zulässig!

Beispiele:

Beispiel „Klassenfahrt"

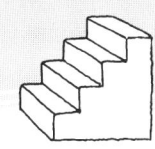

Beispiel „Zukunftskonferenz"

Beispiel „Lernziele"

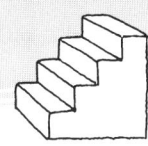

5. Schlüsselbilder & Bildlandschaften

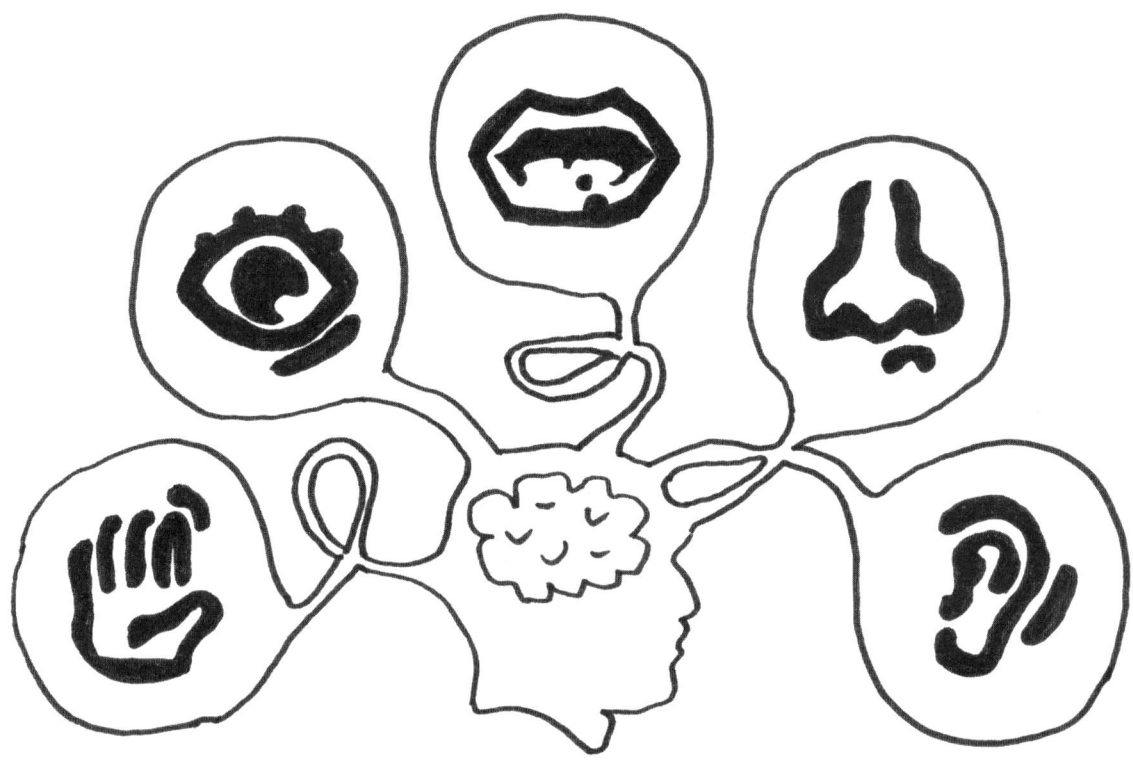

Schlüsselbilder, die sogenannten *Key Visuals*, sind Leitbilder. Genauer gesagt visuelle Grundmotive, die an ein bestimmtes Thema (Botschaft) gebunden sind. Key Visuals setzen sich zusammen aus Figuren, Piktogrammen und Grafikelementen. Zusammen kombiniert ergeben sie inhaltlich etwas Neues. Zeigt die Darstellung emotionale Tiefe, so wird hier auch von *Bildlandschaft* gesprochen.

Kombinationstechnik

= Bildkombination

- Figur + Piktogramm
- Piktogramm + Piktogramm
- Teilkombination Figur + Piktogramm

Beispiel:

Fach Erdkunde „Wetterlagen"

Fach Erdkunde „Wetterlagen"

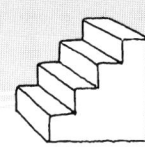

Ideen-Entwicklung V

Übung: Visuelle Vokabeln miteinander kreuzen

Nehmen Sie einen Stift & Papier. Kreuzen Sie immer zwei Begriffe untereinander.

Beispiel: **Figur + Figur**	**Figur + Piktogramm**
Figur + Figur	**Figur + Piktogramm**
Figur + Figur	**Figur + Piktogramm**

6. Perspektive von Bildlandschaften

Das Ziel von Bildlandschaften ist es, Menschen emotional anzusprechen und zum Mitdenken anzuregen. Der Sketchnoter, der solche Bilder schafft, unterscheidet beim zeichnerischen Visualisieren vier Darstellungsperspektiven. Diese lassen sich folgendermaßen grafisch darstellen:

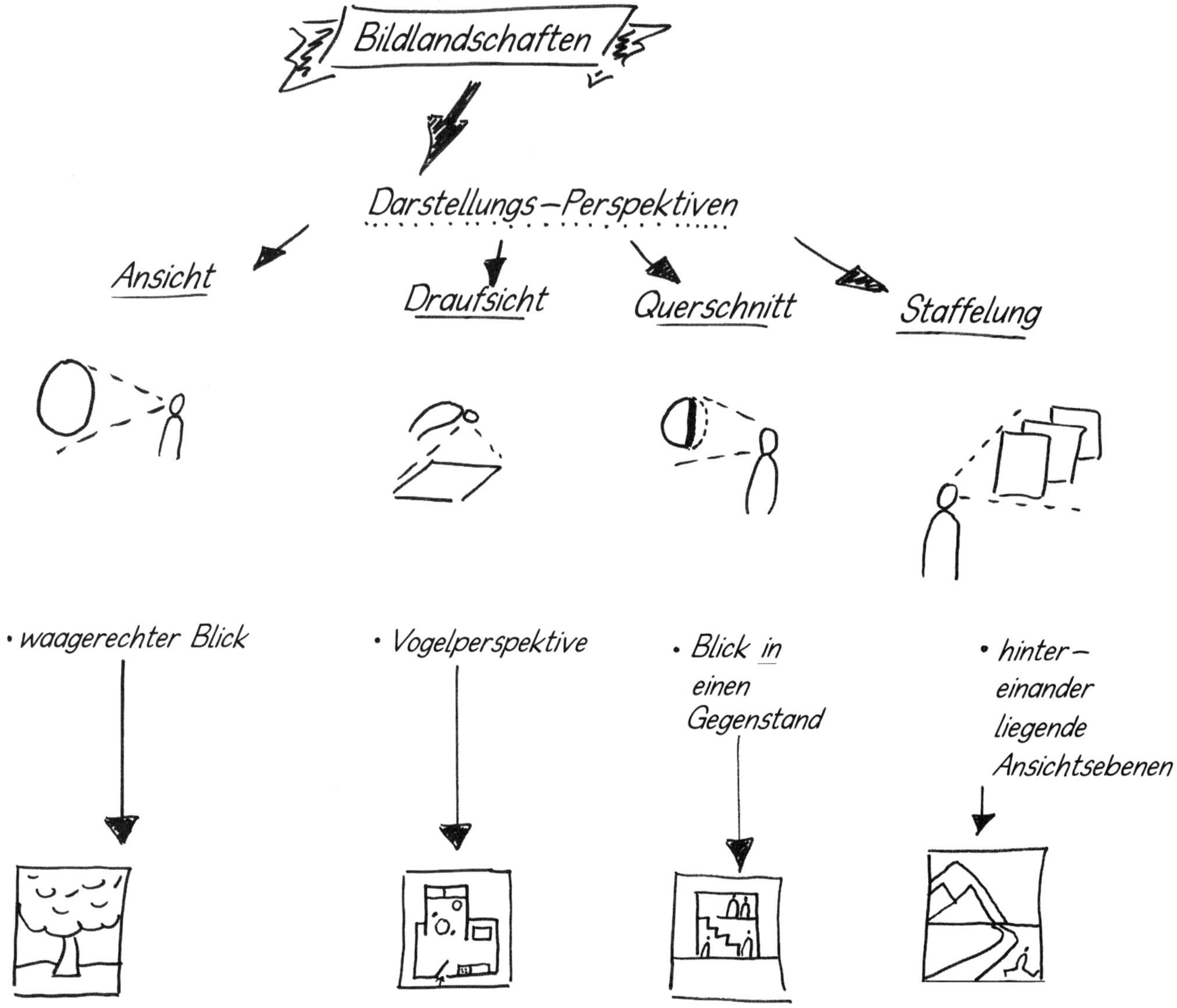

Bildlandschaften

Darstellungs–Perspektiven

Ansicht

Draufsicht

Querschnitt

Staffelung

• *waagerechter Blick*

• *Vogelperspektive*

• *Blick in einen Gegenstand*

• *hintereinander liegende Ansichtsebenen*

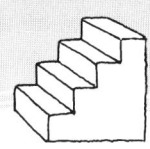

Ideen-Entwicklung VI

 **Übung: Bildlandschaften & Perspektive**
Nehmen Sie einen schwarzen Stift & Papier – und los geht's.

53

Waagerechter Blick	Vogelperspektive
Blick in einen Gegenstand	**Staffelung**

Ideen-Entwicklung VII

Übung: Bildideen finden – Überbegriffe bildhaft umsetzen– Elemente von Bildlandschaften

Nehmen Sie einen schwarzen Stift & Papier – und los geht's in den Feldern mit eigenen Ideen.

Schülergruppe	Ergebnis

Ziele	Auswahl

KAPITEL 4: BLITZMETHODE. VISUELL PRÄSENTIEREN IN WENIGEN SCHRITTEN

1. Vom Design zum Kontext – wie geht das?

Verbale Informationen, die beispielsweise durch Vorträge, Besprechungen, Übungen des Hörverstehens oder durch Filme vermittelt werden, können leicht in visuelle Notizen ohne großen zeitlichen Anspruch transformiert werden. Visuelle Sketchnotes können hierbei Heftaufzeichnungen oder Wandgestaltungen/Plakate als Zielergebnis sein.

Wie das geht und welche Schritte dabei zu berücksichtigen sind, zeigt Ihnen das folgende Modellbeispiel rund ums Thema *Team* (Bildung & Entwicklung):

a) Kernbotschaft klären & platzieren
- Stichwort/Frage/Statement als Kernbotschaft formulieren
- Kernbotschaft in einem Container integrieren & zentral platzieren

b) Motiv des Themas festlegen
Auswahl aus den Bereichen: Grafik/Diagramm, Piktogramm, Schlüsselbild, Figur

c) Text hinzufügen
Textpakete in Kurzform zum Inhalt formulieren & platzieren

d) Text-Verpackung
- Textpakete in Container deponieren
- Content mit Piktogrammen akzentuieren

e) Verbindungen schaffen
Pfeile/Linien verwenden, um Prozesse, Entwicklungen etc. kenntlich zu machen

f) Abschlussarbeiten
- Akzentuieren durch Kolorieren/Schattieren in max. drei Farben
- bei Bedarf Außenrahmen gestalten

Das visuelle Ergebnis aus den Punkten a bis f:

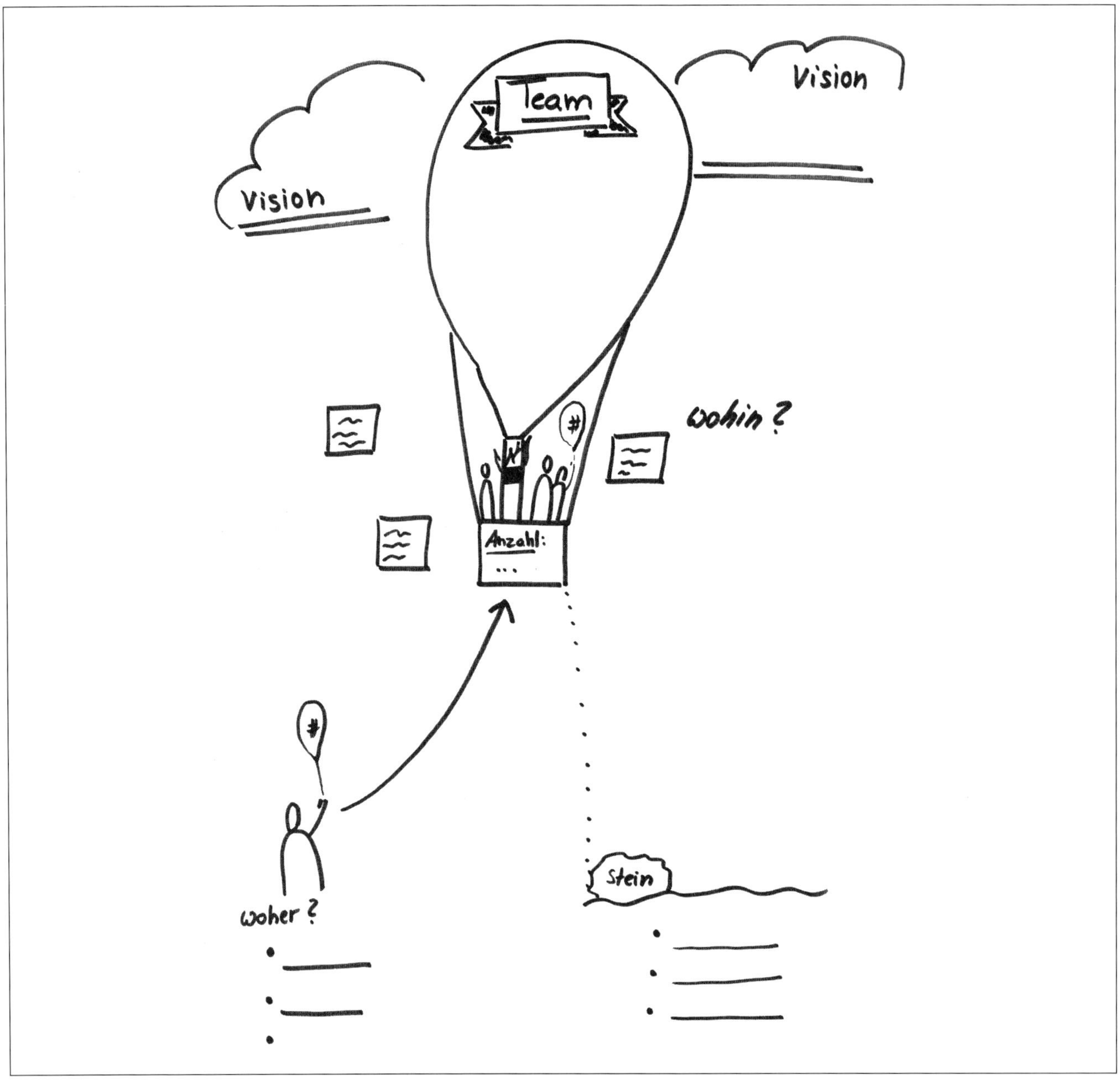

2. Das visuelle Präsentieren

Visuelles Präsentieren heißt Kommunizieren. Der Mensch ist ein neugieriges „Augentier". Wissenschaftliche Untersuchungen haben ergeben:

- Die visuelle Informationsaufnahme erfolgt um das 10.000-Fache schneller als die auditive.
- Visuelle Hilfsmittel verkürzen die durchschnittliche Länge eines Vortrags um 28 %.
- Die Überzeugungskraft einer Präsentation erhöht sich bei Einsatz visueller Mittel um 43 %.

Folienpräsentationen basieren auf einer anderen Kommunikationsebene, sodass man das Anfertigen von Sketchnotes selbst als Präsentationstechnik betrachten sollte.

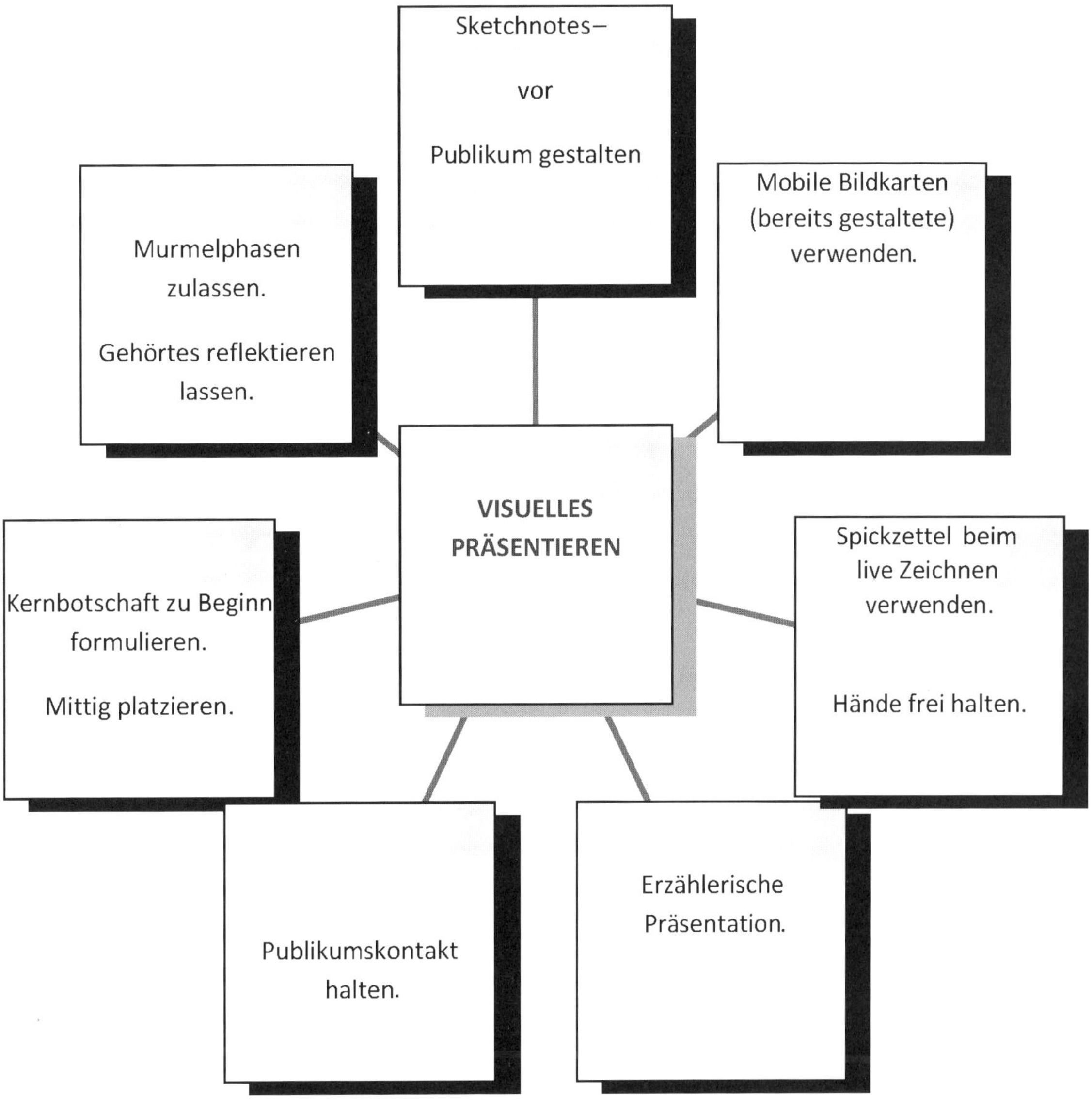

Sketchnotes–

vor

Publikum gestalten

Murmelphasen
zulassen.

Gehörtes reflektieren
lassen.

Mobile Bildkarten
(bereits gestaltete)
verwenden.

**VISUELLES
PRÄSENTIEREN**

Kernbotschaft zu Beginn
formulieren.

Mittig platzieren.

Spickzettel beim
live Zeichnen
verwenden.

Hände frei halten.

Publikumskontakt
halten.

Erzählerische
Präsentation.

3. Wissenslandkarten – „Strategic Visualization"

Betrachten wir zunächst einmal eine Abbildung, die mengenmäßig im Durchschnitt wiedergibt, was Menschen allgemein wissen oder auch nicht wissen:

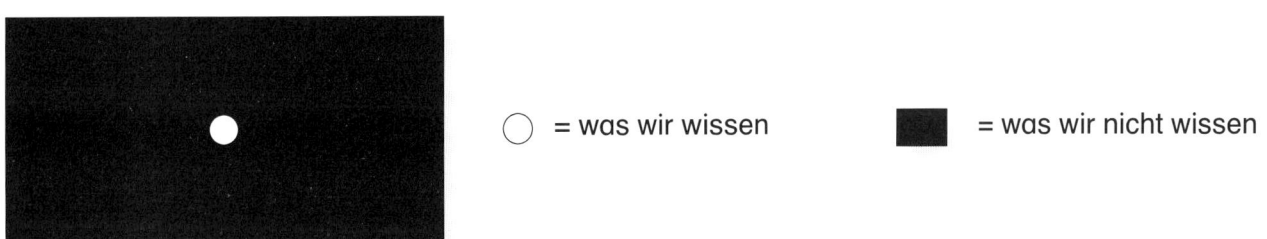

◯ = was wir wissen   ▬ = was wir nicht wissen

Um Wissenslücken zu füllen, empfiehlt es sich, mit sogenannten *Wissenslandkarten* zu arbeiten. Aber was ist eine Wissenslandkarte?

Wissenslandkarten sind eine grafische Form der Darstellung von Wissen, beispielsweise in der Schule im Vorfeld einer Qualitätsanalyse (QA). Als Wissenslandkarten werden im Wissensmanagement grafische Verzeichnisse von Wissensbeständen oder -entwicklungen und deren Anwendung bezeichnet. Der Begriff *Strategic Visualization* wird als Wissenslandkarte zumeist dann deklariert, wenn es sich um die Darstellung komplexer Unternehmensinhalte und -strategien handelt, die visuell allen Beteiligten als *Big Picture* vermittelt werden. Im Falle des Beispiels Schule und QA bedeutet dies, dass das Unternehmen Schule mit seinem Unterricht, der Schulkultur, dem Schulmanagement und dem Schulprogramm in Wissenslandkarten bildlich verfestigt werden kann.

Wissenslandkarten dienen somit der Identifikation von Wissen in Organisationen, um Arbeitsabläufe effektiver und effizienter zu gestalten und referenzieren auf Expertenwissen, Teamwissen, Wissensentwicklungsstationen sowie organisationale Fähigkeiten und Abläufe. Das Ziel von Wissenslandkarten im System Schule ist es, Transparenz über schulinternes und/oder externes Wissen zu schaffen. Durch die Wissenstransparenz fördern Wissenslandkarten die Nutzung vorhandenen Wissens zum Beispiel durch das Auffinden von Wissensträgern, ob es sich dabei nun um Personen oder Dokumente handelt. Schulen können durch diese Methode interne und externe Ressourcen rascher erfassen, den Zugriff auf benötigtes Wissen erleichtern und beschleunigen, alles effizienter nutzen und die Reaktionsfähigkeit erhöhen.

Beispiel:

Welcher Lehrerkollege kennt Unternehmen, die man bezüglich eines Kurz- und/oder Langzeitpraktikums für den Fachbereich Garten- & Landschaftsbau ansprechen kann?

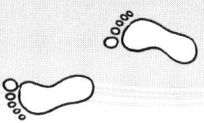

Zusammengefasst lassen sich folgende Ziele von Wissenslandkarten definieren:

- Schaffung von Transparenz in Bezug auf einen Prozess / ein Thema / Personen mit bestimmten Kenntnissen und Erfahrungen und dadurch schneller Zugriff, einfaches Finden relevanter Informationen
- Visualisierung von immateriellen Zusammenhängen
- Erstellung eines systematischen Kontexts für Referenzinformationen
- Explizierung impliziten Wissens, Beschleunigung von Lernprozessen
- Marketing-Tool zur Darstellung von Kernkompetenzen

Wichtige Rahmenbedingungen und Voraussetzungen dafür: Für die Verwendung einer Wissenslandkarte empfiehlt es sich, dass alle aktiv beteiligten Personen via Computer Zugang zu einer Intranetplattform finden oder die Wissenslandkarte über einen Zentralrechner auf den Computern der Nutzer installiert und fortwährend aktualisiert wird. Die Strukturierung der Inhalte sowie deren übersichtliche, nachvollziehbare Aufbereitung und Abbildung ist zentral für die Akzeptanz der Nutzer.

4. Erklärfilme – „Video-Scribing"

Video-Scribing, in Form einer Whiteboard-Animation oder eines handgezeichneten Videos / Erklärfilms, ist gewissermaßen die digitale Form des alten Tafelbildes und verbessert nachweislich die Behaltensleistung. Synchron zu einer erklärenden Sprecherstimme zeichnet der Scribe im Zeitraffer ein umfangreiches Schaubild bzw. es wird parallel mitgeschrieben. Dabei wird zwischen *digitalem* und *analogem* Video-Scribing unterschieden. Digitales Video-Scribing lebt von der Abstraktion und der Konzentration auf das Gezeigte; analoges Video-Scribing – wo beispielsweise eine Hand gefilmt wird, die etwas zeichnet – thematisiert zusätzlich den handwerklichen Prozess des Schreibens. Video-Scribing kann in verschiedenen Settings umgesetzt werden. Entscheidend für den Lerneffekt ist die exakte Abstimmung mit dem Sprechertext. Wird ein Text zu früh oder zu spät per Video-Scribing eingeführt, wirkt das auf die Lerner verwirrend, die Behaltensleistung sinkt. Wie bei allen Formaten gilt: Erst eine mediendidaktisch sinnvolle Einbindung macht die Formate produktiv.

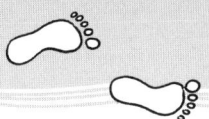

KAPITEL 5: VISUELL DOKUMENTIEREN IN WENIGEN SCHRITTEN

1. Wie geht visuelles Dokumentieren?

Es gibt unzählige Lerninhalte. Zu ihnen gehören unterrichtsinterne Lernstrategien, Prozesse, Projekt-pläne und Visionen. Viele der zu vermittelnden Inhalte sind komplex und voller Informationen. In der Regel werden diese Daten mittels PowerPoint®-Präsentationen und textlastiger Erläuterungen in kurzen Zeiträumen kommuniziert. Grafische Zusammenfassungen maximieren den Lerneffekt und erleichtern die Aufnahme von Inhalten. Dabei wird die Erkenntnis genutzt, dass die visuelle Wahrnehmung bei Menschen effektiver zur Aufnahme und Verwertung von Informationen beiträgt als andere Kommuni-kationsformen. Ein Beispiel des visuellen Dokumentierens stammt aus dem Bereich TV/Rezepte für Hauswirtschaft:

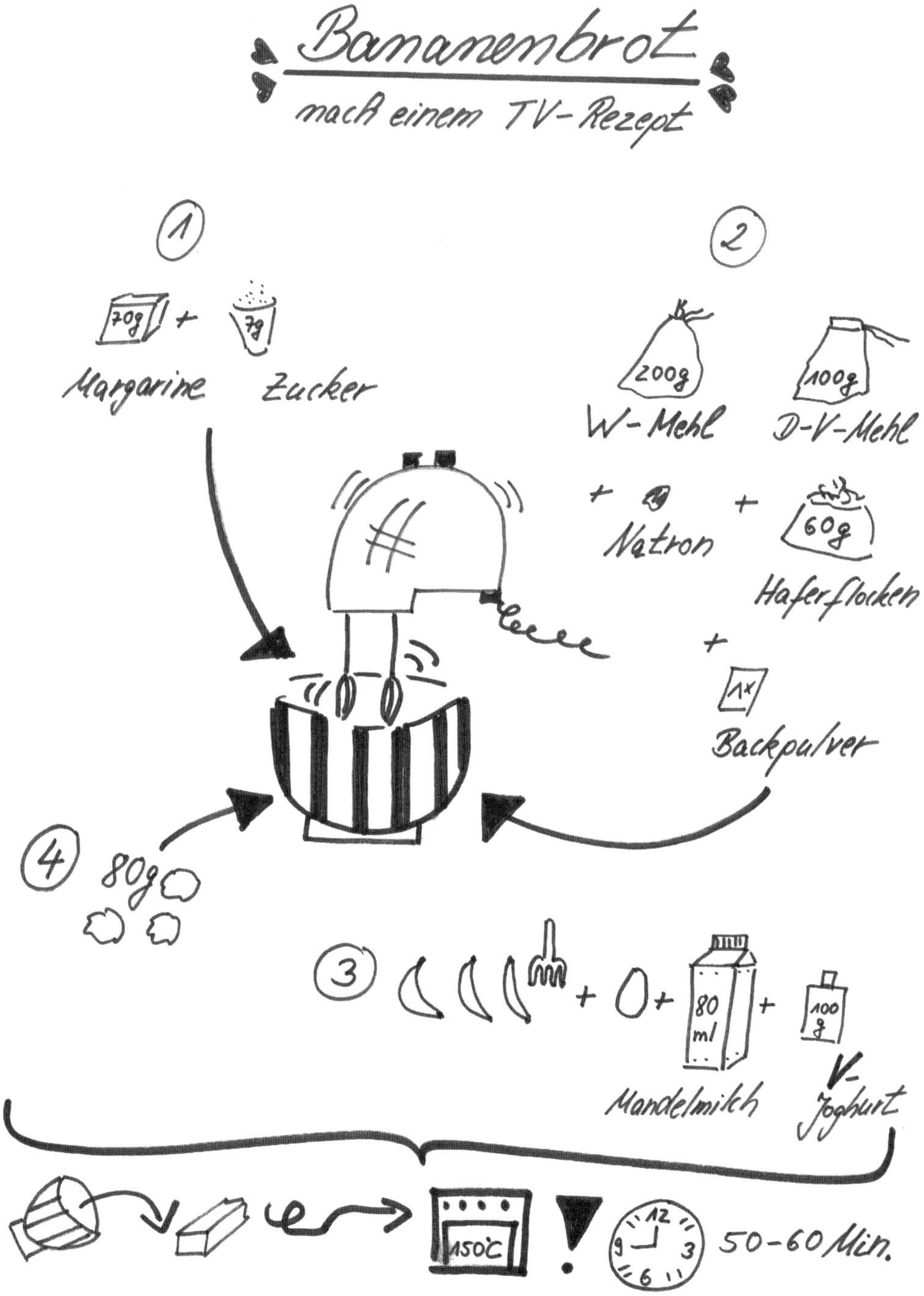

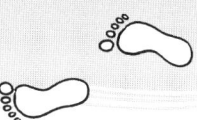

2. Visuelles Dokumentieren durch besseres Zuhören

Ideen-Entwicklung VIII

Anleitung: Schritt für Schritt zum eigenen Sketchnote

1. Schritt	Organisation: ein weißes Zeichenpapier DIN A3, ein weißes Schmierpapier DIN A4 und ein schwarzer Filzstift
2. Schritt	Auswahl eines Vortrags in Form einer Videodokumentation (Dauer: max. 20 Minuten) Tipp: Keine Streitgespräche als Video auswählen → Inhalte sind für Anfänger schwer grafisch darzustellen.
3. Schritt	Konzentrationsübungen: a) Handschriften & Schreibtypen des Sketchnoting auf DIN-A4-Papier testen b) Konzentrationsübung für das eigene visuelle Grundvokabular
4. Schritt	Mit dem Vortrag starten Einzelne Stichworte merken bzw. selektieren und auf Schmierzettel notieren

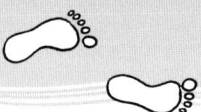

5. Schritt	Mit dem Vortrag ein zweites Mal starten Idealerweise so viele Redeformulierungen in selektiver Weise wie möglich notieren
6. Schritt	Das gesprochene Wort in Sketchnotes visualisieren (dazu Papier im DIN-A3-Format verwenden). Dabei berücksichtigen: • Container für Hauptaussage • Flussdiagramme für die Darstellung einzelner Schritte • Beziehungen, Einflüsse und Folgen mittels Pfeilen, Bildmetaphern und Piktogrammen unterstützend visualisieren • Personen mit Sprech-/Denkblasen ausstatten
7. Schritt	Gedankengänge in Gruppierungen visualisieren
8. Schritt	Klare Überlegung, welche Layout-Unterteilung die idealste ist (z. B. Gefüge, Raster etc.)

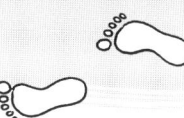

Beispiel „Fach Englisch"

Visual–Notetaking

Lettering

① Titles

② upper case

③ lower case

Listen

- What's the main idea?
- identify sub-points

Visual Vocabulary

practice + grow

your own icon

library

Organize

- are there patterns?
- are there metapheres?
- connect key points

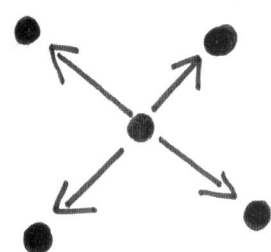

Übung:

Vorlage zur Ergänzung: Visuelles Sketchnoting (Dokumentation – Englischunterricht)

Details
Tree

Note Taking Organizer

Write the topic in the
trunk and put the
details in the six clusters.

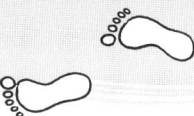

3. Was ist visuelles Erkunden?

Um dieser Frage eine konkrete Antwort geben zu können, werfen wir zunächst einen Blick auf die menschliche Sozialentwicklung. Die menschliche Entwicklung ist eine *Beziehungsentwicklung*. So ist der kindliche Reifungsprozess der Persönlichkeit immer im Zusammenhang mit den sozialen Bezügen zu sehen, in denen sich eine Person befindet. Die Menschwerdung drückt sich in dem Verlangen aus, mit anderen Menschen das eigene Lernen zu entwickeln und Menschen für das eigene Lernen zu nutzen. Hierzu gehören die unterschiedlichsten Formen des Erkundens wie die orale, manuelle und visuelle Form.

Das *visuelle Erkunden* begrenzt sich vor dem achten und neunten Lebensmonat darauf, mit den Augen einen Gegenstand zu lokalisieren und die Hand zum Gegenstand zu führen. Der Gegenstand wird dann nur flüchtig angeschaut. Mit neun bis zwölf Monaten setzt ein intensives visuelles Erkunden ein, in dem Gegenstände in ihren Formen und Farben erkannt werden. Durch ein intensives Wenden des Gegenstandes in alle Richtungen wird der Gegenstand betrachtet sowie mit dem Zeigefinger betastet. Dieses Spielverhalten klingt im Laufe des zweiten Lebensjahres etwas ab, ist in den folgenden Jahren jedoch das dominierende Explorationsverhalten.

Behält man diese erworbenen Fähigkeiten nun im Jugendlichen- bzw. Erwachsenenalter weiter bei, bieten sich hinsichtlich der Möglichkeit des visuellen Erkundens weitere Perspektiven. Unter visuellem Erkunden im Rahmen des Sketchnoting versteht man eine Kombination des visuellen Dokumentierens und Präsentierens. Im Alltag, beispielsweise in der Schule, bieten sich drei Wege an, um visuelle Erkundungen durchzuführen:

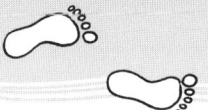

Die Befähigung zum Visualisieren (1)

Ein Visualisierer bringt lernwilligen Personen – wie Schülerinnen und Schüler oder Lehrerkollegen – bei, wie Visualisieren selbst funktioniert.

Mapping (= Darstellen) von Dialogen (2)

Dialoge können visualisiert werden, um beispielsweise Beratungsgespräche zur Berufsfindung festzuhalten. Ziel des Prozesses ist es, Lösungsschritte kenntlich zu machen oder auch persönliche Veränderungen zu skizzieren.

Arbeitsplakate gestalten (3)

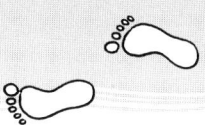

Ein Arbeitsplakat beschreibt eine in sich geschlossene Aufgabenstellung innerhalb eines Projekts, die von einer einzelnen Person oder einem Team (Gruppe) bis zu einem festgelegten Zeitpunkt mit definiertem Ergebnis und Aufwand bearbeitet werden kann. Arbeitsplakate sollen klar und einfach bezeichnet werden. Zum Beispiel für das Unterrichtsfach Technik „Gehäuse spachteln und lackieren". Arbeitsplakate können vielfältig eingesetzt werden. Sie helfen, Dialoge in Gruppen vom Ablauf und Inhalt her zu führen.

Plakate können eingesetzt werden in:

		Großgruppen und **Kleingruppen**		
		ZIELSETZUNG:		
Themeneinstieg	**Gesprächsreflexion**	**Projektschritte**	**Retrospektive**	**Reflexion** einer **Präsentation**
Welche spontanen Ideen gibt es?	Wo liegt das größte Feedback?	Was folgt? (Arbeitsschritte)	Projektlauf/Wie?	Welcher Inhalt liegt vor?
Gibt es dazu bereits Erfahrungen?	Ziel der Weiterarbeit?	Was wird zukünftig benötigt?	Was war positiv/negativ?	Was nehmen wir daraus mit?
		Aufgabenverteilung	Veränderungen/ Planungen?	

Beispiel für ein Arbeitsplakat

Entscheidung

Praktikum

Ausbildung

Studium

PLANEN

Ziele

BERUFS–
WAHL

Bewerben

Arbeits–
platz

Zukunft

Ziel

KAPITEL 6: ANHANG

1. Der Praxistipp: Vokabular Sketchnoting – Visuelle Bibliothek

Zu Beginn des Sketchnoting kann es zeitintensiv sein, visuelle Elemente zeichnen zu lernen und diese einzuüben. Eine Empfehlung ist daher, sich eine *visuelle Bibliothek* aufzubauen. Was ist darunter zu verstehen?

Übung:

Zeichnen Sie aus dem Gedächtnis viele Objekte zu einem bestimmten Thema (bspw. Hauswirtschaftsküche) in das folgende Raster. Achten Sie darauf, die Grundelemente zur Anfertigung von Sketchnotes zu verwenden.

Wurde die Übung zur visuellen Bibliothek ausgefüllt, so trainiert man sein Gedächtnis, indem man neue Objekte für die Bibliothek zu einem anderen Thema (bspw. Meer für das Fach Naturwissenschaften) anfertigt. Auf leeren Blättern lässt sich schnell ein Raster anfertigen, das ebenso zügig ausgefüllt werden kann.

Tipp: Beim Zeichnen selbst hilft es, wenn man an unbedeutende Objekte des jeweiligen Themas denkt. Die Übung fordert, dass Sie sich Dinge imaginär vorstellen und einfach zeichnen.

VISUELLE BIBLIOTHEK		
Thema: **Hauswirtschaftsküche**		
Beispiel: Peperoni		

VISUELLE BIBLIOTHEK		
Thema: **Meer**		
 Beispiel: Wasser		

2. Begriffssammlung

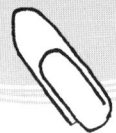

3. Namentlich benannte Personen der Publikation

Tony Buzan, (*1942 in London als Anthony Peter Buzan) Autor, Redner und Trainer zu den Themen Bildung, Lernen und Kreativität. Bekannt durch die Prägung des Begriffs Mindmap und die Verbreitung ebendieser Methode.

John Dewey, (*1859 in Burlington; † 1952 in New York) US-amerikanischer Philosoph und Pädagoge.

William Heard Kilpatrick, (*1871 in White Plains; † 1965 in New York) US-amerikanischer Pädagoge und Schüler, Kollege und Nachfolger von John Dewey.

Kent from Oz, (lebt in Australien) Dozent seit über 30 Jahren u. a. für Mathematik.

Allan Paivio, (*1925 in Ontario; † 2016) Psychologieprofessor, stellte 1986 die Theorie der Dualen Kodierung vor. Diese Theorie nimmt an, dass die Gedächtnisrepräsentation von Wort- bzw. Objektinformation auf getrennten verbalen und imaginalen Kodierungssystemen beruht.

David Sibbet, einer der führenden Pioniere in den Bereichen Grafische Moderation und Visuelles Denken in Gruppen.

Edward Rolf Tufte, (*1942 in Kansas City) Informationswissenschaftler und Grafikdesigner. Sein Arbeitsschwerpunkt ist die visuelle Vermittlung von Information.

Dr. Ute Zocher, Erziehungswissenschaftlerin und Pädagogin, beschäftigt sich mit der Gesundheitsförderung im Rahmen der Mitarbeit, Leitung (bis 2011) und Forschung im BA Studiengang der Gesundheitsförderung der Pädagogischen Hochschule Heidelberg; derzeit freiberufliche Tätigkeit im Bereich Gesundheit und Bildung.

4. Quellenverzeichnis

Agerbeck, Brandy: The Idea Shapers: the power of putting your thinking into your own hands. Verlag: CreateSpace Independent Publishing Platform, 2016

Blake, Dale: Sketchnote Workbook For Beginners: Easy and Effective Techniques of Taking Visual Notes to Simplify and Organize Your Work and Business. Kindle Edition, 2014

Bradd, Sam: Drawn Together through Visual Practice. Verlag: Kelvy Bird, 2016

Bresciani, Alessio: A Simple Guide To Sketchnoting: How To Use Visual Thinking in Daily Life to Improve Communication & Problem Solving. Kindle Edition, 2016

Funcke, Amelie / Rachow, Axel: Die Fragen-Kollektion: Was ist Ihre Lieblingsfrage? Einfache und raffinierte Fragen für Moderation und Training. Verlag: managerSeminare Verlags GmbH, 2016 (2. Aufl.)

Haussmann, Martin: UZMO – Denken mit dem Stift. Verlag: Redline Verlag, 2014

Herting, Nora / Willems, Heather: Draw Your Big Idea: The Ultimate Creativity Tool for Turning Thoughts into Action and Dreams into Reality. Verlag: Chronicle Books, 2016

McKinsey, Dave: Strategic Storytelling: How to Create Persuasive Business Presentations. Verlag: CreateSpace Independent Publishing Platform, 2014

Pijl, Patrick Van Der (u. a.): Design a Better Business: New Tools, Skills, and Mindset for Strategy and Innovation. Verlag: John Wiley & Sons, 2016

Rohde, Mike: Das Sketchnote Arbeitsbuch. Verlag: mitp, 2014

Schiller, Anna Lena: Graphic Recording: Eine Einleitung zum Illustrieren von Meetings, Konferenzen und Workshops. Verlag: GESTALTEN Verlag, 2016

Seibold, Brigitte: Visualisieren leicht gemacht: Talentfrei Zeichnen lernen und professionelle Flipcharts erstellen. Kindle Edition, Verlag: GABAL Verlag, 2012 (5. Aufl.)

Torrance, Scott: 143 Visuals To Inspire You to Take Action. Kindle Edition, 2014

Toselli, Mauro: 100 + 1 Drawing Ideas: 100 + 1 Drawing Ideas for Sketchnoters and Doodlers. Kindle Edition, 2016